한경 MOOK 한경MOOK는 빠르게 변화하는 사회 흐름에 발맞춰 시시각각 현상을 분석하고 새로운 대안과 인사이트를 제시하기 위한 무크 형태 단행본을 발행하는 한국경제신문사의 새 브랜드입니다.

한경 MOOK

누구도 피할 수 없는

評判(평판) 위기 넘는 법

by 법무법인 원 + 위기관리 컨설팅 기업 밍글스푼

한국경제신문

PROLOGUE

사회적 신체, '명예'와 '평판'

누구나 한번은 '돈을 잃으면 조금 잃는 것'이고, '명예를 잃으면 많이 잃는 것'이며, '건강을 잃으면 전부 다 잃는 것'이란 말을 들어 보았을 것이다. 세상 경험이 제법 쌓인 사람이라면 이 말을 부인하기 어렵다. 누구나 뼈아프게 생각하는 돈을 잃는 것은 의외로 그렇게 심각하지 않다는 것을 옛말은 밝히고 있다. 반대로, 평소 건강한 사람이라면 등한히 생각하기 쉬운 건강이야말로 궁극적으로 중요하다. 인간의 물질적 기반을 지탱하는 건강의 중요성은 아파 본 사람이라면 그리고 나이 들면서 노화를 경험한 사람이라면 역시 쉽게 수긍할 수 있다.

그에 비하면 '명예를 잃으면 많이 잃는 것'이라는 말은 사람들에게 상대적으로 쉽게 다가오지 않는다. 우선 '명예'를 가진 사람이 많지 않다. 사전은 '명예'를 '세상에서 훌륭하다고 인정되는 이름이나 자랑 또는 그런 존엄이나 품위'라고 정의한다. 그런 범주의 '명예'를 가진 사람이 드문 만큼 많은 이들이 실감하지 못할 수 있는 것이다.

한편 법률에서 말하는 '명예'는 일상 용어나 사전에서 말하는 '명예'보다는 넓은 개념이다. 형법의 '명예훼손죄'에서 언급되는 '명예'는 '사람의 인격적 가치와 그의 도덕적·사회적 행위에 대한 사회적 평가를 말한다. 일상 용어나 사전의 정의와는 달리 중립적인 개념이다. 우리가 보통 사용하는 '평판'에 가깝다. '평판'의 사전적 의미는 '세상 사람들의 비평 또는 비평해 옳고 그름을 판정하는 것'이다. 여기에도 '훌륭하다는 평가가 미리 들어 있지 않다.

남다른 삶을 살아가는 훌륭한 사람들에게 명예 또는 평판이 매우 중요하다는 것은 비록 우리 자신이 그다지 훌륭하지 않아도 간접적으로 알 수 있다. 그러나 평범한 사람들의 명예 또는 평판도 그에 못지않게 중요하다. 물론 어떤 이가 가진 명예나 평판에 대한 사람들의 관심

by_ **조광희** 법무법인 원 변호사

과 사회적 가치는 그 사람이 사회적으로 중요하거나 활발히 활동할수록 점점 커진다. 즉, 어떤 이들의 사회적 신체는 다른 이들의 사회적 신체보다 크다. 이와 관련해, 앞서 본 옛말은 이렇게 바꾸어 읽을 수도 있다. '경제적 몸을 잃으면 조금 잃는 것'이고, '사회적 몸을 잃으면 많이 잃는 것'이며, 몸 자체를 잃으면 전부 다 잃는 것이다. 평판은 어떤 이의 사회적 몸이다. 그것은 건강할 수도 있고, 병들었을 수도 있다. 클 수도 있고, 작을 수도 있다.

분명한 것은 사회적 몸이 쇠약하면 우리는 사회 속에서 제대로 활동할 수 없고, 활동에 따라 당연히 누릴 수 있는 경제적 이익, 지위를 얻을 자격 그리고 인간관계의 즐거움을 비롯해 온갖 가치를 잃게 된다. 사회적 몸의 의미와 중요성은 그것이 큰 사람일수록 더 크겠지만, 그것이 작다고 해 그 의미와 중요성을 무시할 수 없다. 사회적 신체가 작으면 작은 대로, 그가 삶을 꾸려가는 시간과 공간 내에서 그것을 훼손당하는 것은 매우 위협적인 일이다.

인터넷과 통신이 인간과 인간 사이의 물리적 거리를 쉽게 넘어서고, 온갖 세세한 개인 정보와 평판이 온라인에서 광속으로 퍼져가는 세상이다. 이런 세상에서는 누구나 자신의 평판에 세심한 주의를 기울이고, 위협에 대응하며, 손상되었다면 회복에 나서야 한다. 마치 우리가 몸의 건강을 다루는 것처럼, 사회적 몸의 건강을 다루어야 하는 것이다. 몸 자체의 건강만은 못할지언정, 경제적인 풍요 못지 않게 명예와 평판의 안녕도 중요하기 때문이다.

CONTENTS

SPECIAL

- 08 **CHECKLIST**
  평판 관리 점검 체크리스트

- 10 **OUTLOOK ①**
  평판 관리란?

- 12 **OUTLOOK ②**
  ESG와 기업의 평판 관리

- 14 **LESSON ①**
  카카오 사례, 무엇이 대중을 분노하게 했나

- 15 **LESSON ②**
  SPC 사례로 보는 위기 관리 커뮤니케이션

- 16 **ISSUE**
  기업 평판 관리 위기 대응이 필요한 7대 유형

- 18 **COMPANY ①**
  정의(正義)를 발굴하는 스토리텔링, LG 의인상

- 20 **COMPANY ②**
  기업 모태를 사회공헌으로 승화, 한화 서울 세계 불꽃축제

- 22 **COMPANY ③**
  소외받는 곳을 향한 소리 없는 손길, 매일유업 특수 분유

- 24 **TOPIC**
  유승준·임블리·프리지아…
  기대치 관리 실패가 불러온 대중의 괘씸죄 판결

CHAPTER 1
CASE STUDY

개인

- 30 **CASE 1**
  퇴사한 직원에 대한 평판조회 요청

- 32 **CASE 2**
  인스타그램에 올라온 저격글

- 34 **CASE 3**
  유튜브에 게시된 불법 촬영 영상물

- 36 **CASE 4**
  커뮤니티에서 신상이 털린 경우

- 38 **CASE 5**
  배달 앱에 올라온 악성 리뷰

- 40 **CASE 6**
  별점 테러와 불매운동

- 42 **CASE 7**
  나무위키에 올라온 나의 정보

- 44 **CASE 8**
  대학 커뮤니티에 올라온 비난글

- 46 **CASE 9**
  가해자로 암시하는 언론매체 기사

- 48 **CASE 10**
  포털사이트의 임시 차단 조치

- 50 **CASE 11**
  인터넷에 퍼지는 허위 사실

기업

- 52 **CASE 12**
  구직자의 평판 조회

- 54 **CASE 13**
  블라인드 부정 글 대처

- 56 **CASE 14**
  블라인드 앱 게시글 삭제

- 58 **CASE 15**
  직원의 일탈 관련 회사 입장 표명

- 60 **CASE 16**
  언론사 기사 삭제

- 62 **CASE 17**
  언론사의 잘못된 보도 양산

- 64 **CASE 18**
  기업 대표의 부정 이슈

- 66 **CASE 19**
  유튜브 영상 삭제

- 68 **CASE 20**
  기업의 사과 타이밍

- 70 **CASE 21**
  1인 시위 대응 방법

- 72 **CASE 22**
  포털사이트 특정 콘텐츠 검색 제한

- 74 **CASE 23**
  언론사 취재 요청 대응 가이드 Ⅰ

- 76 **CASE 24**
  언론사 취재 요청 대응 가이드 Ⅱ

CHAPTER 2
Q&A

- 80 **Q01** 남편의 외도를 직장에 알려도 될까요?
- 82 **Q02** 온라인 상에서 욕을 먹었어요.
- 84 **Q03** 나체 딥페이크 영상 유포는 무슨 죄인가요?
- 86 **Q04** 기업 대표의 부정을 대자보로 알렸어요.
- 88 **Q05** 링크 공유도 죄가 되나요?
- 90 **Q06** '도둑놈'이라고 욕한 친구, 명예훼손 맞죠?
- 92 **Q07** 통화 중에 욕설을 들었습니다.
- 94 **Q08** 거짓말을 하는데 처벌이 안된다고요?
- 96 **Q09** 경찰 앞에서 거짓말해도 되나요?
- 98 **Q10** 한남, 메갈도 욕인가요?
- 100 **Q11** 팬이 악플러를 대신 고소할 수 있나요?
- 102 **Q12** 인터넷 카페 회원들이 비난받았습니다.
- 104 **Q13** 차량 내 CCTV를 공개해도 되나요?
- 106 **Q14** 성폭력 피해자 맞냐는 댓글, 문제 없나요?
- 108 **Q15** 제 사진이 음란게시글에 도용당했습니다.

CHAPTER 3
PROCEDURE

- 112 **STEP 1**- 준비 고소장 작성/채증/제출 방법
- 114 **STEP 1**- 준비 고소 사실 작성 요령
- 116 **STEP 1**- 준비 피의자 인적 사항 추적
- 118 **STEP 1**- 준비 민사소송 절차
- 120 **STEP 1**- 준비 방통위 이용자 정보제공 청구
- 122 **STEP 1**- 준비 허위 사실 유포금지 가처분
- 124 **STEP 1**- 준비 변호사 선임, 소송비용
- 126 **STEP 2**- 진행 경찰서 출석/경찰 처분/ 검찰 송치/법원 증인 출석
- 128 **STEP 2**- 진행 입증책임과 방법
- 130 **STEP 2**- 진행 승소 시 형사처벌 수준/ 손해배상책임 수준
- 132 **STEP 3**- 피해 구제 대응방법 ①
- 134 **STEP 3**- 피해 구제 대응방법 ②
- 136 **STEP 3**- 피해 구제 정정/반론/추후 보도 개관
- 138 **STEP 3**- 피해 구제 언중위 조정 절차 개관

CLOSING

- 140 **PREPARATION** "변호사님, 그래서 고소를 할까요 하지 말까요?"
- 142 **ISSUE** 기업이 올바르게 사과하는 법 7가지
- 148 **COLUMN** 평판 대응은 누구의 만족을 목표로 하는가?
- 150 **SPECIALIST** 이 책을 만든 평판 위기 대응 전문가

부록

- 152 명예훼손범죄 양형기준

SPECIAL　　　　　　　　CHECKLIST

평판 관리 점검 체크리스트

by_ **강윤희** 법무법인 원 변호사

왼쪽 페이지의 테스트 결과, "법적 조치를 취할 것인가?"로 귀결된 경우 아래 사항들을 충분히 검토해 보세요!

○ 법률상 명예훼손죄나 모욕죄, 기타 범죄에 해당하는 것이 명백한가? 명백하지 않더라도 수사기관이나 법원의 판단을 받아볼 가치가 있는가?

○ 어떠한 법적 절차를 선택할 것인가, 그 절차에 소요되는 시간과 예상 결과는 어떠한가?

○ 법적 조치가 허위 사실의 추가적인 유포를 막는 데 도움이 되는가? 예를 들어, 법적 조치를 개시했다고 공표하는 것만으로, 대중이 현재 유포되는 사실이 허위라는 점을 인식하거나 제3자가 허위 사실을 재생산, 확산하는 것을 막는 효과가 있는가?

○ 법적 조치를 취하는 것이 오히려 상대방을 자극하거나 허위 사실을 확산시키는가? 예를 들어, 상대방이 추가 폭로를 이어가거나 자료를 제출해 의혹이 커지는가? 또는 허위 사실이 유포되고 있다는 사실 자체를 알지 못했던 사람들이 소문의 존재를 인식하는 결과를 가져오는가?

○ 모든 실익을 떠나 법적 조치를 통한 가해자의 형사처벌이나 법원에서 허위임을 인정해주는 것이 나에게 정서상 또는 사업 유지를 위해 필요한가? 비용을 지출하고 시간과 에너지를 쏟을 정도인가?

SPECIAL OUTLOOK ①

평판 관리란?

by_조광희 법무법인 원 변호사

프롤로그에서 밝힌 것처럼 '평판'의 사전적 정의는 어떤 인물에 대한 '세상 사람들의 비평'인데, 그런 비평은 그 인물의 사회적 활동의 토대가 된다. 평판이 드높으면 사회적 활동의 기회가 증대되면서, 경제적 이익, 높은 지위를 얻을 자격 그리고 사람들과 널리 교류할 장이 생겨난다. 반대로 평판이 낮으면, 사회적 활동의 기회가 감소하면서, 경제적 이익, 높은 지위를 얻을 자격 그리고 사람들과 널리 교류할 장이 축소된다. 즉, 사회적·경제적·인격적 고립으로 이어지게 된다. 그러므로 한 사람이 자신의 건강을 주의 깊게 돌보듯이 자신의 사회적 몸을 잘 돌보는 것은 매우 가치 있다.

물론 사람에 따라 사회적 활동의 정도와 범위가 다르기에, 관리의 중요성과 그것에 투여하는 자원의 크기도 다르다. 만일 당신이 작은 도시의 평범하고 평온한 직장을 다니고 있다면 평소의 생활을 원만하고 지혜롭게 하는 것으로 충분하다. 하지만 평판과 관련해 적극적인 대응이 필요한 경우는 예외적이다. 만일 당신이 대한민국 사람 누구라도 아는 정치인이나 대중예술인이라면 평판 관리는 당신의 일상적 활동이 되어야 한다. 눈을 뜨는 순간부터 잠을 청하는 순간까지 어쩌면 24시간 내내 당신의 평판은 관리되어야 한다. 관리의 성공은 당신에게 더 큰 사회적 기회를 주며, 관리의 실패는 경력을 쇠퇴시킨다. 치명적인 관리의 실패는 당신의 사회적 몸을 사망에 이르게 할 수도 있다. 그것은 결코 드문 일이 아니다. 한국 사회에서 매일 몇 사람의 사회적 몸이 숨을 거둔다.

요약하자면, 사회적 몸의 크기에 따라 평판 관리의 중요성도 커진다. 사회적 몸이 작은 사람들은 특별한 사태에서만 대응하면 되지만, 사회적 몸이 큰 사람들은 일상적으로 평판을 관리해야 한다. 게다가 인터넷과 통신의 발달 때문에 평판 관리의 중요성과 긴급한 대응의 필요성은 급격히 증대했다.

그렇다면 평판을 어떻게 관리할 것인가? 사실 이상적인 세상에서는 어떤 사람이 개인적인 덕성에 기초해 좋은 태도로 삶을 꾸려가면서, 타인과 긍정적인 관계를 맺으면 충분하다. 특별히 관리할 것이 없다. 그저 좋은 사람으로서 좋은 이웃과 함께 좋은 삶을 살아가면 된다. 그러나 현대세계는 사람이 그런 평화로운 상태에 머무를 수 없게 만든다. 자기를 마케팅해야 하는 시대이고, 그 반대급부로 평판에 대한 상시적인 위협이 생길 수 있다. 교통사고처럼 우발적으로 벌어지는 사회적 사고와 오해로부터 자기를 응급 처치해야 할 경우도 빈번하다. 나아가서, 극도로 경쟁적인 사회에서 정치적 적대자, 특정 산업의 경쟁자, 유사한 분야의 동업자, 그리고 악의적이고 시간이 많은 네티즌이 고의로 또는 무신경하게 퍼뜨리는 부정적인 평판의 공세는 상시적인 위협이다.

현대세계를 은둔자가 아니라 참여자로 살아가는 사회적 인간은 누구라도 언제든지 자신의 사회적 삶을 위험에 빠뜨릴 평판의 위기와 조우할 수 있다. 그런 위기를 헤쳐 나가는 것은 매우 어렵다. 위험에 처한 사람들이 의지할 수 있는 사법제도, 행정절차, 커뮤니케이션 기업들이 제공하는 표준적인 절차들은 닥쳐온 위기의 긴급성, 중요성에 비해 너무 어렵고, 느리고, 비효율적이다. 하지만 포기할 수는 없다. 그것은 마치 환자가 치료를 포기하는 것과 같다.
활발히 활동하는 사회적 조직이나 개인은 평소에 자신의 존립을 위해 평판을 관리하고 위기에 대처하는 매뉴얼과 시스템을 갖추는 것이 불가피하다. 그것은 선택이 아니라 생존을 위한 필수적인 조치다. 평범하게 세상을 살아가는 사람에게도 언제 위험이 닥칠지 모른다. 미리 준비하지는 못할지라도 문제가 불거졌을 때, 효율적이고, 빠르고, 경제적인 수단을 써 사회적 몸을 지키는 것의 중요성은 아무리 강조해도 지나치지 않다.

SPECIAL　　　　OUTLOOK②

ESG와 기업의 평판 관리

by_**이유정** 법무법인 원 변호사

최근 ESG 경영이 확산하면서 소비자와 사회 구성원들에게 신뢰를 주고 사회적 책임을 다하는 것이 기업에 필수적인 생존 전략이 되었다. ESG 경영은 기업의 재무적인 가치뿐만 아니라 비재무적인 가치를 고려하는 경영을 말한다. 비재무적인 가치에서 평판은 가장 중요한 요소이다. 평판이라는 개념 자체가 '사회적 관계 속에서 인정되는 무형의 가치'라는 의미를 포함하고 있기 때문이다. 과거에도 임직원의 경솔한 행동으로 인해 기업의 이미지가 실추되고 어렵게 쌓아온 브랜드 가치가 한 순간에 무너지는 일이 더러 있었지만, ESG 경영이 대세가 된 지금은 평판 관리가 기업의 생존을 좌우할 만큼 핵심적인 문제가 되었다. 그렇다면 기업의 평판 관리에서 중요한 원칙은 무엇일까?

첫 번째는 사실에 기반해야 한다는 점이다.

평판은 기업의 제품이나 서비스의 품질과 가격 등 기본적인 요소 이외에도 기업 문화, 업무 관행, 거래관계, 소비자 정책, 홍보 스타일, 오너의 사생활 등 복합적인 요소들로 구성되며, 오랜 시간을 거치면서 형성된다. 좋은 평판을 만들더라도, 그 중 한 가지만 잘못이 드러나면 나머지 사실들까지 의심받게 된다.
'클린 디젤'을 내세우며 환경친화적인 자동차라고 광고하던 폭스바겐이 배출가스량을 조작한 사실이 밝혀져 주가 폭락, 대규모 리콜과 함께 막대한 벌금을 물게 되고, 독일 기업들의 신뢰도까지도 금이 가게 되었던 사건이 대표적인 사례이다. 따라서 기업은 제품의 생산부터 판매에 이르는 전 과정, 원료 수입 과정, 품질 위생관리, 가격, 기업의 실적, 경영 상황, 직원 관리 등 모든 점에서 사실을 기반으로 평판 관리를 해야 한다.

두 번째는 평상시에 관리해야 한다는 점이다.

질병도 예방이 우선이듯, 평판 관리도 위기가 발생하지 않도록 평상시에 잘 관리하는 것이 우선이다. 평판 위기가 발생한 후에는 아무리 사후 대응을 잘하더라도 명예의 실추, 사후 조치에 따르는 비용, 법적 분쟁 등의 문제가 남기 마련이다.

평소에 위기가 발생하지 않도록 꾸준히 위험 요소를 모니터링하고, 업무 처리 절차를 구체적이고 명확히 정리해 둘 필요가 있다. 작은 규모의 중소기업에서도 평판 관리는 필요하기 때문에, 언론 대응 담당자를 정하고 기업과 관련된 언론보도와 SNS를 정기적으로 모니터링하는 체계를 마련해야 한다. 또한 소비자의 반응을 주의 깊게 살피고 기업 내부고발 제도를 적극적으로 활용해서 업무처리 절차에 문제는 없는지 상시로 점검해 평판 관리를 일상화해야 한다.

세 번째는 객관적인 외부 전문가의 조언을 활용해야 한다는 점이다.

기업의 평판은 기본적으로 외부인의 시각에서 본 기업의 모습이다. 아무리 냉정하고 객관적인 판단을 하더라도, 내부자의 시각만으로는 올바른 판단을 하는 데 한계가 있다. 수술을 잘하는 의사라도 자기 몸을 직접 수술할 수 없는 것처럼, 객관적인 외부 전문가에게 조언을 구할 필요가 있다. 사람은 누구나 본능적으로 자기의 잘못을 숨기거나 합리화하려는 경향이 있는데, 이러한 대응은 오히려 평판을 악화시킨다. 제3자의 객관적인 시각으로 판단하고 조언할 수 있는 전문가를 적극적으로 활용할 줄 아는 지혜가 필요하다. 물론 최종 판단은 경영진의 몫이다.

네 번째는 원활한 의사소통이 가능한 기업 문화를 만들어야 한다는 점이다.

평판은 사회적 관계 속에서 형성된다. 기업 내부 구성원 간에, 기업과 관련된 소비자·주주·일반 대중 간에 원활한 의사소통이 이루어지고 신뢰가 쌓이면 좋은 평판은 자연스럽게 형성된다. 의사소통 과정에서 위험 요소를 미리 파악해 사전에 방지할 가능성도 커진다. 설령 어떤 문제가 발생하더라도 기업의 해명에 귀 기울이는 사람들이 많다면 비교적 수월하게 위기를 극복할 수 있다. 문제가 발생하더라도 진정성 있게 책임지려는 기업의 태도는 오히려 위기를 기회로 바꿀 수 있다. 스타벅스에서 인종차별 사건이 발생한 직후 대표이사가 피해자에게 직접 찾아가 사과하고 8000개의 매장을 닫은 후, 인종차별 교육을 실시하는 등 진정성 있는 대응으로 소비자들에게 신뢰를 얻은 사례가 있는데, 이를 참고할 필요가 있다.

SPECIAL LESSON

LESSON 1

KAKAO

기업점검 프로젝트 1 우리 기업은 괜찮을까?

카카오 사례,
무엇이 대중을 분노하게 했나

기업의 위기관리는 위기관리 '시스템'과 구성원의 '역량'이 필요합니다. 위기관리 시스템은 흔히 알고 있는 매뉴얼입니다. 위기가 발생하면 위기관리 시스템과 구성원의 위기관리 역량, 이 두 가지의 균형이 맞아야 성공적이고 안전한 위기관리를 할 수 있습니다. 이런 관점에서 2022년 10월 카카오 사례를 살펴보면 다음과 같습니다.

①	SK C&C 데이터센터 화재 발생 시 셧다운에 대비한 매뉴얼이 있었더라면, 카카오가 데이터센터 한곳이 완전히 멈추더라도 서비스를 제공할 수 있는 인프라를 구축했었더라면	→ 위기관리 시스템 영역
②	화재 발생 시 셧다운 훈련 체계가 있었더라면, 과거 사례를 반면교사로 삼았더라면, 사후 커뮤니케이션에 실수가 없었더라면, 쌓여있는 부정 평판을 미리 관리했었더라면	→ 구성원 역량 영역
③	누군가 초기 화재를 발견해 즉각 진화했었더라면, 화재가 크게 번지지 않았더라면, 빠르게 복구한 네이버와 비교되지 않았더라면	→ 시스템과 역량을 벗어난, 우리가 통제하기 힘든 운(運)에 가까운 영역

1번은 기업 위기관리 시스템 영역, 2번은 구성원 역량 영역, 3번은 운(運)에 가까운 영역입니다. 이번 카카오 사례는 기업 위기관리를 위한 시스템과 구성원 역량이 모두 중요하다는 교훈을 남기고 있습니다. 그리고 유사한 이슈와 유사한 상황에서 우리 기업은 이와 같은 잘못을 되풀이하지 않을 수 있을지 돌이켜 볼 필요가 있습니다. 위기관리는 'what if...?', '만약 …라면 어떻게 될까?'라는 고민의 연속이기 때문입니다.

카카오 사례는 '올바른 기업 문화'가 평판 관리에서 중요한 토양이라는 교훈도 알려줬습니다. 과거 기업 VIP를 만나 "의사결정을 하실 때 등 뒤에 있는 액자를 보십시오. 거기에 있는 철학과 원칙대로 하시면 됩니다"라고 강조해 드리면 "철학이 밥 먹여주냐"는 반응들이 많았습니다. 유사 위기가 발생하지 않도록 기업 위기관리 시스템 구축과 구성원 역량 강화에 필요한 반면교사 포인트를 업데이트하는 것이 실무적으로 중요하지만, 기업 위기관리의 근본은 기업의 철학과 원칙이 준수되고 일상화되어야만 형성되는 '올바른 기업 문화' 없이 어렵습니다.

LESSON 2

SPC

기업점검 프로젝트 2   이해관계자와의 커뮤니케이션 방법

SPC 사례로 보는 위기관리 커뮤니케이션

2022년 10월 15일, SPC 계열사인 SPL의 제빵공장에서 20대 근로자가 소스 배합기 끼임 사고로 숨지는 정말 안타까운 사고가 발생했습니다. 이미 근로자들에 대한 부당한 처우와 근로 환경 때문에 잦은 이슈가 발생한 가운데 2인 1조 작업 원칙이 준수되지 않았고 당시 사고가 일어난 작업 현장에서 제빵 작업을 재개시켰다는 사실이 추가로 밝혀지며 부정적 평판은 최고조에 달했습니다.

이 과정에서 SPL 대표이사의 국정감사 발언은 큰 논란이 되었습니다. 매뉴얼에 있는 2인 1조 원칙이 지켜지지 않은 이유에 대해 "소스 배합 작업은 내부 작업 표준서에 의하면 일련의 공정을 두 사람이 함께하는 작업으로 정의돼 있다"라며 "2인 1조를 (해야 하는 공정이라고) 단언 짓기 어렵다"라고 답변을 했기 때문입니다.

기업 위기관리 커뮤니케이션은

① 사실을 근거로 거짓말을 하지 않는다.

② 상황과 이해관계자를 고려해 우리의 입장과 생각을 전달한다.

③ 위기의 증폭과 논란을 최소화한다 라는 세 가지 측면을 고려해야 합니다.

기업의 커뮤니케이션 실패 사례의 공통점은 이해관계자의 상황인식과 큰 간극이 있어 "사실을 이야기했는데 무슨 문제냐? 대중이 진짜 사실을 이해하지 못하고 있다"고 오판한다는 것입니다. 기업 커뮤니케이션의 진정성을 흔히 모두 투명하게 솔직히 말하는 것으로 생각합니다. 하지만 기업과 관련된 공적 커뮤니케이션의 경우 말할 것과 말하지 않을 것을 구분하는 것이 가장 중요합니다. '언제, 어디까지, 어떤 종류의 말을 할 것인가?'가 아닌 이해관계자가 감내할 수 없는 수준까지 모든 말을 다 하겠다는 자세는 혼란을 가중시키는 오버 커뮤니케이션이 됩니다.

위기에 완벽한 기업·개인은 그 어디에도 없습니다. 치명적 문제는 위기를 제대로 관리하지 못하는 것이 아니라 이전의 위기에서 교훈을 얻지 못하고 반복하는 것입니다. '소 잃고 외양간 고친다'는 늦은 대응의 비난이 아닌 소 잃고 외양간 제대로 고쳐야 한다는 의미가 되어야 합니다. 평판 관리에 성공한 기업, 개인 모두 소 잃고 외양간을 제대로 고친 기업과 개인입니다.

SPECIAL　　　　ISSUE

기업 평판 관리 위기 대응이 필요한 7대 유형

by_ 송동현 밍글스푼(주) 대표(위기관리 커뮤니케이션 전문가)

평판 관리를 위한 위기 대응이 어려운 이유 중 하나가 한 조직 내에서 위기에 대한 기본적인 정의와 관점들이 사람마다, 부서마다 판이하다는 것입니다. 그래서 위기가 발생하면 기업 내부에서 생각하는 위기의 정의와 경중이 외부 이해관계자의 생각과 판이해서 벌어진 간극이 평판 관리에 부정적 영향을 미치게 됩니다.

위기에 대한 내부 구성원들의 관점들을 공유하고 좁혀 나가는 과정들은 기업 평판 관리를 위한 첫걸음입니다. 시대에 따라 변하는 환경에 맞춰 기업이 위기 요소를 인식하고 있는 것, 그것을 지속해서 바라보는 것은 향후 기업의 안정적 영속성을 유지하기 위한 필요충분 조건입니다. 많은 기업들에 공통으로 해당하는 최근 기업 평판 관리 위기 대응이 필요한 7대 유형은 다음과 같습니다.

1. 사회적 책임

기업은 고객과 소비자의 신뢰가 생명입니다. 최근에는 기업의 지역 사회에 대한 관심, 공정한 세금 납부 등에 대한 기본적인 책임 활동 외 인간 존중의 기업 활동과 사회적 공헌 정도가 고객과 소비자의 신뢰에 큰 영향을 미치고 있습니다. 이렇듯 사회적 책임이 강조되는 최근 환경에서 기업의 평판 관리에 필요한 필수 구성 요소는 기업 리더들의 경영 능력이나 자질과 더불어 기업 리더들이 긍정적 사회 활동을 통해 얼마나 사회에 필요한 기업인지 공중에게 신뢰감을 주었는가 여부입니다.

2. 상생

어려운 코로나 시대를 지나면서 영업이익 호조로 기업 환경이 개선된 기업도 있지만 그에 반해 중소기업이나 소상공인의 경우는 어려운 형편이어서 여유가 있는 기업의 지원과 상생 문화가 더 필요해지고 있습니다. 이런 상황에서 상생을 무시한다면 매출 증가로 기업 경영 자체에 대한 좋은 평가는 받을 수 있지만 자기 이윤만을 추구하는 이기적 기업이라는 비판에 직면할 가능성이 높습니다.

3. 안전

2022년 1월에 시행된 중대재해처벌법은 많은 기업의 위기관리 화두가 되었습니다. 중대재해처벌법에 대한 이해도 중요하지만, 평소 재해 예방을 위한 인력과 예산을 투입하고 안전보건 관리 시스템을 체계적으로 구축 운용해 사전에 중대재해를 방지하기 위한 노력이 선행되어야 합니다.

4. 친환경

착한 소비를 지향하는 새로운 세대가 소비의 주역으로 떠오르면서 친환경이 기업 경영에서 중요한 요소로 대두되고 있습니다. 이에 편승해 기업이 친환경 마케팅을 하면서도 오히려 환경 파괴를 일삼는 경우도 발생하고 있는데 이를 그린 워싱(Green washing)이라고 합니다. 친환경 흐름을 거스르는 기업뿐만 아니라 친환경을 주장하는 기업이 혹시 그린 워싱은 아닌지 직접 확인에 나서는 소비자들을 통해 친환경 기업의 모순적 행보들이 공개되면서 평판에 악영향을 미치고 있습니다.

6. 디지털 미디어

이제 언제든지 다양한 형태로 커뮤니케이션이 가능한 모바일 디바이스가 필수품이 되었습니다. 이렇게 디지털 미디어가 발달한 이른바 DT(Digital Transformation) 시대가 도래하면서 전혀 예측 불가능했던 위기의 종류와 위기 확산의 양상이 추가되고 있습니다. 기업이 생산하는 디지털 콘텐츠를 통한 젠더 문제, 상대적 약자 비하 문제, 동물 학대 문제, 역사 인식 문제, 저작권 문제, 감염병 예방 시대에 역행하는 문제 등의 발생이 기업의 위기관리 측면에서 새로운 숙제가 되고 있습니다.

5. 글로벌

최근 러시아의 우크라이나 침공, 중국 및 일본의 역사 왜곡과 정치적 상황 변화 등 한국을 둘러싼 동북아시아 국제 정세 변화에 따른 대중들의 반러 감정, 반중 감정, 반일 감정이 증가하고 있습니다. 기업들의 관련 국가 진출, 관련 국가 생산 및 수입, 관련 국가 마케팅 활동 등에 따라 위기관리를 위한 예방 활동과 대응의 필요성이 증가하고 있습니다.

7. 사내 문화

임원의 막말 논란, 직장 내 괴롭힘으로 인한 직원의 극단적 선택, 소비자 불매 운동을 일으킨 고강도 노동환경, 새로운 세대 구성원 주도의 성과급 논쟁 등 최근 기업 사내 문화 이슈는 계속 가중되고 있습니다. 블라인드와 같은 익명 커뮤니티의 발달로 누구나 쉽게 문제를 제기할 수 있는 환경 속에 사내 이슈가 얼마든지 외부로 확산할 수 있습니다. 더군다나 퍼지는 확산 속도 또한 빨라서 내부 핵심 이해관계자인 직원들과의 긍정적 관계 형성이 무엇보다 중요해지고 있습니다.

평판 관리를 위한 위기 대응 활동은 보통 위기가 일어나지 않게 만드는 예방 활동과 위기가 일어났을 때 피해와 손해를 최소화할 수 있는 준비와 대응 활동, 그리고 위기가 발생했을 때 입은 피해를 다시 회복하는 회복 활동으로 구분할 수 있습니다. 이 일련의 활동들을 보통 위기관리라고 부르며 이것을 크게 상황 관리와 커뮤니케이션 관리, 두 가지로 분류합니다. 기업 평판 관리 위기 대응이 필요한 7대 유형 중 디지털 미디어 이슈와 사내 문화 이슈는 커뮤니케이션 관리 비중이 큰 이슈들이고 사회적 책임, 상생, 안전, 친환경, 글로벌 이슈들은 상황 관리 비중이 큰 이슈들입니다.

SPECIAL   COMPANY ① 대중의 마음에 스며든 브랜드(차별화된 스토리텔러)

정의(正義)를 발굴하는 스토리텔링, LG 의인상

by_ 송동현 밍글스푼(주) 대표(위기관리 커뮤니케이션 전문가)

"국가와 사회가 편안하기 위해서는 정의가 살아 있어야 하며, 우리 사회가 인간다운 온기로 지켜지는 것은 공동체와 정의를 위해 자신을 희생하는 이들이 있기 때문입니다. 이들의 고귀한 행동과 생애를 기억하고 본받는 것은 우리 사회에서 함께 사는 구성원으로서 마땅히 해야 할 일입니다. LG복지재단은 몸을 아끼지 않고 사회정의를 실천하는 이들의 선행이 오래 기억되고, 우리 사회에 남을 돕는 문화가 확산 정착될 수 있도록 LG 의인상 사업을 시행하고 있습니다"

LG복지재단 홈페이지에 공개된 LG 의인상 소개 글입니다. LG 의인상은 2013년 3월 바다에 뛰어든 시민을 구하려다 희생한 인천 강화 경찰서 고(故) 정옥성 경감 유가족에게, 2015년 8월 비무장지대(DMZ)에서 북한군이 매설한 지뢰 폭발로 중상을 입은 장병 2명에게 위로금을 전달했던 고(故) 구본무 회장의 뜻을 반영해 2015년 9월부터 제정된 LG그룹의 대표적인 사회공헌 프로그램입니다.

기업들이 평판 관리를 위해 평소 진행하는 사회 공헌 프로그램은 상당히 많습니다. 하지만 LG처럼 '국가와 사회 정의를 위해 희생한 의인에게 기업이 사회적 책임으로 보답해야 한다'는 정신으로 사회 공헌 활동을 꾸준히 진행하는 기업은 거의 없습니다. 2018년 6월 구광모 현 회장이 취임한 뒤에

LG복지재단은 연 평균 28명의 의인을 선정해 수상하고 있다. 사진은 36년간 영유아 119명을 양육한 국내 최장기 위탁모 봉사자 전옥례 씨. 사진 LG복지재단

> 감동적이고 모범적인 이야기가 있는
> 개인과 집단을 찾아 지원하는 스토리텔링과 시의성이
> 긍정적 평판 관리에 큰 차별점이 되고 있습니다.

는 선행과 봉사를 한 시민들로 의인상 수상 범위를 확대해 공중에게 더 다가가며 긍정적 평판을 만들어내고 있습니다. 2015년 9월부터 현재까지 꾸준히 진행되고 있으며 2022년 10월 12일 기준 현재까지 총 175명의 의인을 선정해 수상해오고 있습니다.

LG 의인상이 평판 관리를 위한 일반적인 기업 사회 공헌 활동과 가장 큰 차이점은 '정의(正義)를 발굴하는 스토리텔링'이라는 전략적 행보에 있습니다. 보통 불특정 다수의 소외계층을 지원하거나 정기적인 기간에 반복적으로 상을 수여하는 방식의 대동소이한 기업 사회 공헌 활동들은 차별화되기 힘든 점이 많습니다. 하지만 LG 의인상은 특정 시점에 도움이 필요하거나 다수에게 본보기가 되는, 감동적이고 모범적인 스토리가 담긴 개인과 집단을 찾아 지원하는 스토리텔링과 시의성이 긍정적 평판 관리에 큰 차별점이 되고 있습니다.

LG복지재단은 54년동안 1만4000쌍 부부의 결혼식을 무료로 지원해준 신신예식장 백낙삼 대표에게 'LG의인상'을 수여했다. 사진 LG복지재단

기업의 일반적인 사회 공헌 활동이 평가절하 되어선 안 되며 그런 의도로 설명한 것이 아닙니다. 분명 손뼉 칠 수 있는 선행이지만 대중의 생각에는 내가 아프지 않고 내가 어렵지 않으면 종종 나와 직접적인 관계가 없는 스토리처럼 느껴질 때도 있습니다. 하지만 LG 의인상의 경우에는 최근 우리 주변 영웅들의 이야기와 그들을 향한 격려와 지원이 공중에게 좀 더 공감과 호응을 얻어내는데 용이한 측면이 있습니다.

한편, 기업의 사회 공헌 활동이 시류에 편승하고 있다는 일부 비판이 존재하며, 2021년 1월 LG 트윈타워 청소노동자 집단해고 이슈와 2020년 9월 LG화학 물적 분할 이슈 당시 청소노동자와 소액 주식 투자자들을 외면했다는 비판도 있었지만 LG 의인상은 지속되면서 여전히 긍정적 평판의 자산이 되고 있습니다.

SPECIAL   COMPANY② 대중의 마음에 스며든 브랜드(기업 가치 연계)

기업 모태를 사회공헌으로 승화, 한화 서울 세계 불꽃축제

by_**송동현** 밍글스푼(주) 대표(위기관리 커뮤니케이션 전문가)

서울 세계 불꽃축제는 한화그룹에서 2000년부터 사회 공헌 사업으로 꾸준히 진행해 온 대한민국 대표 축제입니다. 한화그룹 소유인 서울 63빌딩 앞 여의도 한강공원 일대에서 개최되며 매년 100만 명이 넘는 인파가 여의도 한강공원 일대에 몰립니다. 이 서울 세계 불꽃축제를 위해 투입되는 전체 유관기관 인원은 경찰·소방을 포함해 약 1만 명이며 한화 임직원 자원봉사단 인원만 1300명에 이릅니다.

매년 10월 첫째 주 토요일에 열리는 서울 세계 불꽃축제는 축제를 볼 수 있는 한강공원 일대 외 온라인을 통해 시청하는 인원을 합치면 100만 명이 훨씬 넘는 시민들이 같은 시간에 같은 곳을 바라봅니다. 그 순간 바쁜 일상을 살아가는 수많은 시민은 불꽃을 통해 감동과 즐거움, 희망과 위로를 받습니다. 이런 행사를 왜 한화그룹에서 진행하게 되었을까요?

총 자산규모 기준 국내 재계 순위 7위, <포춘>지 선정 글로벌 500대 기업의 위상을 가지고 있으며 제조·건설, 금융, 서비스·레저 사업군에서 일류 경쟁력을 강화하고 있는 한화그룹의 모태는 1952년에 설립된 한국화약주식회사(現 ㈜한화)입니다. 사회 기반 시설 건립에 필수적인 화약을 국산화하면서 한국전쟁 이후 화약 사업을 통해 황폐해진 국가 재건에 기여했던 사사(社史)를 보유하고 있습니다.

서울세계불꽃축제가 3년 만에 개최된 2022년 10월 8일 오후 서울 여의도 한강공원이 시민들로 붐비고 있다.

> 소비재 사업 부문이 많지 않아 소비자와 직접 소통할 기회가 적은 한화그룹이 딱딱하고 남성스러운 기업 이미지의 한계를 극복하기 위해 시작했던 핵심 브랜드 가치인 불꽃을 활용한 축제의 기획은 좀 더 친근하고 긍정적 평판을 만들어 낼 수 있는 탁월한 선택이었습니다.

한화의 대표적인 사회공헌 활동인 서울 세계 불꽃축제의 시작은 여기서 출발했습니다. 화약 사업으로 출발해 최근에는 방위산업 분야 수출 확대와 우주산업 진출까지 번성한 한화그룹에게 불꽃은 곧 한화, 한화는 곧 불꽃일 수밖에 없는 것은 어쩌면 당연합니다. 마케팅과 브랜딩 활동에서 중요한 것은 연관성이 있어야 한다는 것입니다. 창의적이지만 사회공헌 활동이 우리 기업과 아무런 연관성이 없다면 이야기할 가치가 없는, 긍정적 평판으로 남지 못하는 무의미한 활동이 될 수 있습니다. 특히 소비재 사업 부문이 많지 않아 소비자와 직접 소통할 기회가 적은 한화그룹이 딱딱하고 남성스러운 기업 이미지의 한계를 극복하기 위해 시작했던 핵심 브랜드 가치인 불꽃을 활용한 축제의 기획은 좀 더 친근하고 긍정적 평판을 만들어 낼 수 있는 탁월한 선택이었습니다. 대도시인 서울, 그것도 서울의 중심가에 위치해 접근성이 매우 좋은 여의도 한강공원에서 한화의 상징인 불꽃을 활용한 대규모 축제를 개최한다는 점 때문입니다.

기업의 모태와 연관성 있는 상징을 축제로 승화시켜 누군가의 마음을 따뜻하게 하고, 누군가의 가슴속에 품은 뜨거운 열정을 만들어내는 정기적이고 꾸준한 활동은 언제나 기업의 긍정적 평판을 만드는 역할을 탄탄하게 수행할 것입니다.

3년 만에 열린 이번 행사의 주제는 '위 호프 어게인(We Hope Again)'이다. 코로나19로 지친 일상을 위로하고 다시 꿈과 희망의 불꽃을 쏘아 올린다는 의미다.

SPECIAL

COMPANY ③ 대중의 마음에 스며든 브랜드(소리 없는 선행)

소외받는 곳을 향한 소리 없는 손길, 매일유업 특수 분유

by _송동현 밍글스푼(주) 대표(위기관리 커뮤니케이션 전문가)

신생아 100만 명 중 1명꼴로 태어나는 선천성 대사이상 환아들은 선천적으로 아미노산을 분해하는 효소가 부족하거나 만들어지지 않아 모유는 물론 고기, 생선, 심지어 쌀밥에 포함된 단백질조차도 마음대로 먹을 수 없다고 알려져 있습니다. 만약 식이 관리를 제대로 하지 않을 경우, 분해하지 못하는 아미노산 및 대사산물이 축적되어 운동 발달 장애, 성장장애, 뇌세포 손상으로까지 이어지게 된다고 합니다.

특수 분유 생산이 절실했던 환아들이 있었지만, 시장은 작고 수익도 없어 대부분 기업은 관심을 두지 않았습니다. 하지만 매일유업은 아무도 살피지 않던 선천성 대사이상 질환 환아들에게 주목했습니다. 김복용 매일유업 창업주가 1999년 한 대학병원에서 희귀병을 앓는 아이를 만난 뒤 이 가족을 위한 분유를 만들라고 지시한 이후 선천성 대사이상 질환을 앓는 아이들을 위한 매일유업의 특수 분유 개발 및 생산은 시작되었습니다.

이 특수 분유는 만들기가 무척이나 까다롭다고 합니다. 일반 분유에는 50여 가지 원료가 필요하지만, 특수 분유는 20가지 수입 원료가 추가됩니다. 각각의 특수 분유마다 수십 개의 서로 다른 특정 성분을 넣고 빼는 까다로운 공정 과정에 오염을 방지하기 위해 생산 설비를 세척해야 하는데 이 과정이 하루 24시간이 꼬박 걸립니다.

매일유업은 100만 명 중 1명꼴로 태어나는 선천성 대사이상 환아를 위한 특수분유를 1999년부터 생산하고 있다. 사진은 국내 유일 선천성 대사 이상 환아를 위한 8종 12개 제품의 특수 유아식.

> "단 한 명의 아이도 소외받아서는 안 된다."
> 고(故) 김복용 매일유업 창업주가 한 말입니다.
> 매일유업은 매년 손해를 보면서도
> 조용히 창업주의 유지를 이어가고 있습니다.

이 때문에 매일유업은 특수 분유를 생산하기 위해 일 년에 두 번 전 공정을 중단하고 있습니다. 오로지 이 제품을 생산하기 위해 전 공정을 중단하는 것입니다.

생산량이 워낙 소량이라 제품 라벨도 작업자들이 일일이 붙일 수밖에 없고 생산량보다 판매량이 적어 폐기하는 양도 만만치 않다고 합니다. 이렇게 생산한 특수 분유는 일반 분유보다 싼값에 판매하고 있습니다. 수익은커녕 매년 손실만 수 억 원대. 만들수록 손해지만 매일유업은 1999년부터 20년 넘게 국내에서 유일하게 특수 분유를 생산하고 있습니다.

"단 한 명의 아이도 소외받아서는 안 된다." 고(故) 김복용 매일유업 창업주가 한 말입니다. 매일유업은 매년 손해를 보면서도 조용히 창업주의 유지를 이어가고 있습니다. 오로지 선천성 대사이상 환아를 위해 이 모든 손실을 감내하고 있는 것입니다. 많은 사람이 모르거나, 안다면 아주 일부만 알고 있는 선천성 대사이상 질환으로 고통받고 있는 환아와 그 가족들을 위해서 자신이 가장 잘 할 수 있는 방법으로 조용히 선행을 하는 것입니다.

매일유업은 보기 드물게 긍정 평가가 많은 기업입니다. 이 특수 분유 이야기가 미담으로 소비자들 사이에 자발적으로 알려졌기 때문입니다. 특수 분유는 1999년부터 생산했지만 선천성 대사이상 증후군 아동을 위해 매일유업이 특수 분유를 제조한다는 소식은 2019년에 본격적으로 알려졌고 일부 트윗은 수만 회 이상 리트윗될 정도로 큰 호응을 얻었습니다. 소리 없이 사회적 책임을 다하는 기업이 긍정적 평판을 얻는 것은 어찌 보면 당연한 공식이 되고 있습니다.

매일유업 평택공장에서 생산 중인 선천성 대사 이상용 특수분유는 생산량이 적어 포장 단계에서 수작업으로 라벨을 부착해야 한다. 사진 매일유업

SPECIAL TOPIC

유승준·임블리·프리지아…
기대치 관리 실패가 불러온 대중의 괘씸죄 판결

by_ 송동현 밍글스푼(주) 대표(위기관리 커뮤니케이션 전문가)

속칭 까방권이라는 말이 있습니다. 까임방지권이라고도 부르는 까방권은 잘못을 저질렀을 때 비난이나 악성 댓글을 면제받을 권리를 속되게 이르는 말입니다. 그만큼 긍정적 평판을 쌓아왔기 때문에 받을 수 있는 칭호입니다. 기업과 유명 스타들이 사회에 모범이 되는 긍정적 행동을 했을 때 그 영향력에 대한 공중의 지지 표현이며 평판 관리를 위한 자산이라고 할 수 있습니다.

불경죄와 괘씸죄

그 반면 죄가 아닌데 죄라고 불리는 죄가 있습니다. 정확하게 이야기하면 법률상 죄가 아니지만 죄라고 부르고 있습니다. 바로 괘씸죄입니다. 괘씸죄가 별도의 법률 개념은 아닙니다. 근대 형법상 기본 원칙인 죄형법정주의에 따라 범죄와 형벌을 미리 법률로써 규정해야 한다는 원칙에 어긋나지만, 여론의 법정에선 엄연히 존재하고 적용됩니다.

죄형법정주의가 확립되지 않았던 옛날에는 군주와 왕족의 존엄을 해치는 불경한 자들을 불경죄로 처벌했습니다. 주권자인 군주와 국가를 동일시하는 체제에서 백성을 다스렸던 수단 중 하나였습니다. 이 불경죄가 주권자가 국민이 된 민주국가에서 이른바 헌법 위의 국민정서법으로 재단되는 괘씸죄로 변모한 셈입니다. 법적 처벌은 없지만 대다수 국민 감정과 국민 정서를 거스르면 받는 죄여서 최근 평판 관리에서 돌이킬 수 없는 부정적 영향을 미치고 있습니다.

과거 전두환 정권 때는 괘씸죄로 대기업이 공중분해 되기도 했습니다. 고무신 생산으로 시작해 국내 굴지의 그룹으로 성장한 국제그룹 이야기입니다. 당시 정치자금을 적게 낸 것이 괘씸죄가 되어 그룹이 해체되었다는 이야기는 대한민국 기업 비사로 널리 알려져 있습니다. 이때 괘씸죄는 불경죄에 가깝습니다. 근래 자신이 위험하지 않은 상황에서 위험에 처한 사람을 구조하지 않으면 처벌하자는 소위 착한 사마리아인 법(Good Samaritan Law)으로 괘씸죄를 실제 처벌할 수 있는 법률로 만들려는 움직임도 계속 이어지고 있습니다.

방송인 A씨는 과거 음주운전 논란 이후 대법원에서 음주운전에 대해 무죄를 받았습니다. 최근 방송 복귀를 하고 추가 프로그램 MC 계획도 공개되고 있습니다. 10년이면 강산도 변한다는데 대중의 시선은 10년이 지난 지금에도 냉랭합니다. 당시 논란이 일어났던 정황과 A씨의 대응 과정에 대해 대중은 실제 법정인 대법원 판단과 달리 여론의 법정에서 이미 괘씸죄 선고를 내린 것입니다.

기대치 관리와 보편적 사회 정서의 중요성

여론의 법정에서 기업이나 유명인이 괘씸죄 적용을 받지 않으려면 다음 두 가지를 중요하게 고려해야 합니다. 첫 번째, 기대치 관리입니다. 유승준 병역 기피 이슈는 기대치 관리 실패로 괘씸죄 논란을 일으킨 가장 대표적 사례입니다. 그는 1997년 데뷔 이후 바른 청년 이미지로 큰 사랑을 받다가 돌연 미국으로 건너가 미국 국적을 취득한 후 병역 의무를 피했다고 알려져 있습니다. 이 결과 20여 년간 한국 땅을 밟지 못했습니다.

연 매출 1700억 원을 돌파하며 인플루언서 대명사로 자리 잡았던 임블리의 하락 과정에도 대중에 대한 기대치 관리 실패가 괘씸죄 적용의 중요한 요인으로 작용했습니다. 평소 친한 언니처럼 느껴졌던 임블리는 제품 문제가 발생했음에도 비정상적인 고객 응대와 홍보에 집중했다고 알려지면서 소비자들에 누적된 반감이 폭발했고 계속된 사과에도 오히려 안티가 되어버린 많은 고객과 대중은 돌아오지 않고 있습니다. 가품 논란으로 비난 받았던 유명 인플루언서 프리지아와 갑질 논란을 빚었던 유명 댄서 노제도 비슷한 기대치 관리 실패로 괘씸죄 판정을 받았습니다.

친근한 기업이나 유명 인플루언서에게 호감을 느꼈다가 불쾌한 감정을 느끼게 되는 순간은 로봇이나 인간이 아닌 존재들을 볼 때 인간과 어설프게 닮은 모습에서 불쾌감을 느끼는 현상인 '불쾌한 골짜기(uncanny valley) 이론'으로도 설명이 가능합니다. 기업이나 인플루언서의 팬덤은 이내 충성심 강한 고객으로 변모하지만 내 이야기를 잘 들어주던 친근한 오빠, 언니, 형, 동생이나 친구 같은 인간으로 의인화된 대상으로부터 평소 기대하는 행동이 일관되게 나오지 않을 경우 즉시 신뢰는 무너집니다. 유승준과 임블리, 프리지아와 Mnet 댄스 크루 서바이벌 프로젝트 '스트릿우먼파이터'에 출연해 일약 스타덤에 오른 댄서 노제 모두 충성도 높은 팬덤을 보유하고 있었지

SPECIAL

만 지금 팬덤은 이들에게 배신감을 느낀다고 토로하고 있습니다. 공고했던 팬덤에 충성심과 기대감이 그 반대인 배신감으로 급변하는 순간은 믿음과 신뢰가 무너질 때입니다. 기업과 개인에 대한 우호적 팬덤은 기대치 관리에 따라 언제든지 부정적 안티가 될 준비가 되어 있다고 생각해야 합니다.

두 번째는 보편적 사회 정서에 반하는 언행과 태도입니다. 한국과 일본 사이에는 여전히 일정 부분의 반일 감정이 유지되고 있습니다. 과거 일본 불매운동이 정점일 때를 생각해 보면 특정 일본 패션 브랜드에 대한 불매 운동이 가장 강했는데 일본 패션 브랜드의 본사 임원이 "한국에 일어난 일본 제품 불매 운동은 오래가지 않을 것"이라는 발언을 했다고 알려지면서 대중으로부터 괘씸죄 선고를 받았기 때문입니다.

2022년 8월, 유명 패션 잡지 보그 코리아의 청와대 화보 논란도 여론의 법정에서 괘씸죄 선고를 받았습니다. 보그 코리아는 한국 문화유산을 널리 알리기 위해 청와대를 배경으로 이번 작업을 진행했으며 한복의 미와 문화유산을 알리는 데 집중했다고 입장을 밝혔습니다. 하지만 즉시 유명 한복 디자이너로부터 부정되었고 오히려 왜색이 강해 과거 일본의 국권 침탈 역사에서 일본이 창경궁을 창경원으로 만든 이유와 비견되기도 했습니다. 이후 촬영 허가를 한 문화재청장이 고개를 숙였고 보그 코리아도 화보를 진행한 사진을 홈페이지와 SNS에서 삭제했습니다. 이 여파로 국회에서 청와대 보존법까지 발의되었습니다.

사회적 책임에 대한 인식 높아져야

이런 언행과 태도의 원인은 대부분 정확한 상황에 대한 인지 부족으로 발생합니다. 최악의 경우 정확한 상황을 애써 부인하면서 비합리적 신념과 세계관에 집착한 나머지 핵심 이해관계자가 표출하는 감정을 잘 읽지 못하고 커뮤니케이션을 통한 상호작용의 영향력을 고려하지 않는 경우도 있습니다. 결국 공중과 첨예하게 대립하면서 최악의 상황으로 치닫게 됩니다. 이런 상황을 막기 위해선 공감 능력과 사회적 책임에 대한 인식을 높여야 하며 그 기반에서 적절한 커뮤니케이션이 권장되어야 합니다.

종종 여론의 법정에서 대중들의 괘씸죄 선고에 대해 강력한 법적 대응만을 강

공고했던 팬덤에 충성심과 기대감이 그 반대인 배신감으로 급변하는 순간은 믿음과 신뢰가 무너질 때입니다. 기업과 개인에 대한 우호적 팬덤은 기대치 관리에 따라 언제든지 부정적 안티가 될 준비가 되어 있다고 생각해야 합니다.

조하는 모습을 봅니다. 때론 강력한 법적 대응 포지션이 사안과 상황에 따라 적절할 수 있습니다. 단, 이런 경우라도 불특정 다수를 상대로 한 선전포고 방식은 권장하지 않습니다. 정말 법적 대응이 필요했다면 다연장로켓이 아닌 유도탄이 더 낫습니다. 불특정 다수를 향한 무분별한 법적 대응이 대중들의 방어기제를 작동시켜 대다수를 적으로 돌리고 우리를 이해하는 우군 확보를 방해해 결국 평판 관리에 실패하게 되는 우를 범해선 안 됩니다.

괘씸죄는 항상 대중과 다수의 언론이 생산하고 온라인에서 확대 재생산됩니다. 이 과정에서 다수 언론과 대중은 표면상으로 기업의 사회적 책임을 묻지만 이른 바 무릎 꿇기를 원하는 경우도 있어 종종 곤혹스럽습니다. 괘씸죄의 대상이 되는 기업과 유명인은 대부분 한 분야에 일가를 이뤘거나 승승장구하고 있는 주체인 경우가 많습니다. 법적 위기는 아니지만, 실수가 노출되면 명성과 평판 측면에서 떨어질 높이가 높고 잃을 것이 많다는 이야기입니다.

그렇기 때문에 괘씸죄 판결을 받으면 과거에는 무조건 피하자는 전략이 대세였습니다. 사과 표현과 함께 자숙하는 시간을 보내는 경우가 많았습니다. 사실과 다른 부분이 있을 때도 언론과 대중을 향한 적극적인 해명이 오히려 그들에 대한 도전이 되고 또 다른 논란으로만 규정됐기 때문입니다. 오랜 기간 이런 과정을 통해 언론과 대중을 이기는 사람과 기업은 없다고 학습되었습니다. 하지만 최근에는 기업과 개인이 언론과 대중에게 맞서는 일종의 저항도 새로운 전략으로 인식되고 있습니다.

여기서 중요한 것은 빠르고 정확한 상황 판단을 통한 사실관계 정립과 이를 통한 설득과 교정입니다. 이때 의견과 주장, 추정이 아닌 객관적 사실을 중심으로 이해관계자와 공감할 수 있는 맥락이 매우 중요합니다. 여론의 정서와 흐름 그리고 맥락을 이해하지 못하고, 거짓말을 하거나 무관심만을 보인다면 여론의 법정에서 대중들이 내린 괘씸죄 선고는 상소할 수 없는 확정판결이 되고 쌓아 왔던 긍정적 평판은 신기루처럼 사라지게 된다는 것을 명심해야 합니다.

CHAPTER 1

실생활에 바로 적용하는 알짜배기 질의응답

성공적인 평판을 쌓는 것은 어렵지만 공들여 쌓은 평판이 무너지는 것은 한순간이다. 특히 SNS를 비롯한 커뮤니티가 활성화되어 있는 현대 사회에서는 아무런 준비 없이 평판 위기에 처한다면 순식간에 걷잡을 수 없을 정도로 사태가 심각해질 수도 있어, 미리 대응하는 자세가 필요하다. 챕터 1에서는 명예가 실추되거나, 사실과는 다른 소문으로 인한 피해를 입은 경우 등 구체적인 사례를 통해 평판 위기에 대응하는 자세를 살펴본다.

CASE

모두에게 필요한 평판 관리

이번 챕터에서는 평판 관리 위기 대응 방안을 소개한다. 직장인 커뮤니티 앱 '블라인드', 대학생 커뮤니티 '에브리타임', 소셜 네트워크 서비스 '인스타그램' 등 다양한 이들이 서로 커뮤니케이션할 수 있는 매체가 늘어나면서 이로 인해 피해를 입고 있는 사례 또한 적지 않게 발생하고 있다. 특히 이번 챕터의 각 페이지마다 삽입한 'Legal guide'를 참고하면 각 사례별로 법적 대응 방안을 이해하는 데 도움이 될 것이다.

> Legal guide
> ① 박스 안에 기재된 법령명/죄명은 해당 사례의 검토 과정에서 떠올릴 수 있는 것이다.
> ② 체크박스에 v 표시가 된 법령명/죄명은 해당 사례에서 법적 절차 개시 근거가 될 수 있는 것이다.

How to protect my reputation

일러두기
- 이 책에 사용된 아래 법률은 약칭으로 사용되었습니다.
  - 부정경쟁방지 및 영업비밀보호에 관한 법률 ▷ 부정경쟁방지법
  - 성폭력범죄의 처벌 등에 관한 특례법 ▷ 성폭력처벌법
  - 언론중재 및 피해구제 등에 관한 법률 ▷ 언론중재법
  - 정보통신망 이용촉진 및 정보보호 등에 관한 법률 ▷ 정보통신망법

CHAPTER 1. CASE STUDY- 개인

CASE 1   퇴사한 직원에 대한 평판조회 요청

Legal guide

- ☐ 근로기준법
- ☐ 개인정보 보호법
- ☑ 명예훼손죄
- ☑ 모욕죄

Question 친하게 지내던 동료가 불미스러운 일로 다른 회사로 이직을 시도하고 있는데, 어느 날 그 회사의 인사팀 직원이 직접 저에게 이메일을 통해 그 동료의 인성, 대인관계, 업무능력 등을 평가해달라고 했습니다. 친한 사이기는 하지만, 엄밀히 말해 불미스러운 일로 직장을 옮기려는 사람인데 그 내용을 정확하게 이야기해도 될까요?

> **평판조회에 답하는 것은 신중할 필요가 있습니다.
> 정보 제공이나 의견을 밝히는 과정에서 사생활 침해나
> 명예훼손의 문제가 발생할 수 있습니다.**

정보 제공 내용에 유의해야

평판조회 요청을 받은 사람이 그에 응할 의무는 없습니다. 반대로 본인이 개인정보처리자로서 채용지원자의 개인정보 파일에 근거해 정보를 제공하는 것이 아니라면, 단순히 직장동료로서 인지하게 된 정보를 제공하는 것은 개인정보 보호법에 어긋나지 않습니다. 다만 정보를 제공하거나 의견을 밝히는 과정에서 채용지원자의 사생활 침해나 명예훼손이 문제 될 수 있으므로 그 내용에 유의해야 합니다.

부정적으로 주관적 평가를 이야기하는 것은 명예훼손에 해당하지 않으므로 가능합니다. 그러나 사실과 의견을 명백하게 구분하기란 쉽지 않고 주관적 평가는 객관적 사실을 기초로 이루어지기 때문에 자연스레 객관적 사실이 언급될 수 있습니다.

형법은 진실한 사실을 적시하는 경우에 관한 명예훼손도 규정하고 있고, 이 경우 진실한 사실로서 오로지 공공의 이익에 관한 때에는 처벌하지 아니한다는 위법성 조각 사유를 두고 있을 뿐입니다. 채용지원자가 불미스러운 일로 퇴사했다는 사실을 이직하고자 하는 회사에 알려주는 행위가 공공의 이익에 관한 것인지는 그 불미스러운 일이 무엇이었는지, 발언자가 지원자와 어떠한 관계이고 악의를 품고 이야기한 것인지, 지원한 회사에서 그 사실을 알 필요가 있는지 등 개별 사안에서 구체적 사정에 따라 달라질 것입니다.

수동적 대답이 처벌대상은 아니야

한편 근로기준법에는 누구든지 근로자의 취업을 방해할 목적으로 비밀 기호 또는 명부를 작성·사용하거나 통신을 해서는 아니 된다는 취업 방해 금지 조항(제40조)이 존재합니다. 본 조항의 의도는 근로자의 취업을 방해할 목적으로 소위 '블랙리스트'를 작성해 배포하거나 이직할 직장에 우편이나 전화로 취업을 방해하는 것을 금지하는 것을 목적으로 합니다.

회사의 사용자가 아닌 근로자가 과거 동료의 취업을 방해할 목적으로 이러한 행동을 하는 것도 해당 조항의 적용 대상입니다. 평판조회에 관해 수동적으로 대답하는 것을 처벌하고자 하는 목적의 조항은 아닙니다.

평판조회를 하는 회사에서도 유의할 점이 있습니다. 바로 지원자로부터 개인정보활용동의를 받는 일입니다. (52-53p → CASE12 '구직자의 평판 조회'를 함께 참고하면 좋습니다). 실제로 평판조회 과정에서 전 직장동료가 자신에 대해 부정적인 평가를 하거나 불미스러운 퇴사 원인을 알려준 것이 원인이 되어 소송을 하거나 괴롭히는 경우가 종종 있습니다.

Lowyer's Advice

본인의 입장에서 호의적인 평가를 하더라도 지원자가 지원한 회사의 관점에서는 오히려 그런 평가가 부정적인 요소로 작용할 수도 있기 때문에, 좋은 말을 해주었다고 문제가 생기지 않는다는 보장도 없습니다. 평판조회를 받게 되었을 때 친절한 마음에 모든 질문에 곧이곧대로 대답할 필요는 없습니다.

CHAPTER 1. CASE STUDY- 개인

CASE 2   인스타그램에 올라온 저격글

Legal guide

- ☐ 정보통신망법
- ☑ 명예훼손죄
- ☐ 모욕죄

Question 친구가 인스타그램 계정에 '친구 중에 머리가 꽃밭이고 한심한 인간이 있다'며 구체적인 일화를 들어가며 인성을 품평하는 게시물을 올렸는데, 아무리 봐도 저를 가리키는 글입니다. 그 게시글에 다른 친구들이 동조하는 비난 댓글을 쓰고, 리그램으로 게시글을 퍼 나르면서 저에게 '자퇴해라' '죽어버리면 좋겠다'고 저주를 퍼부어 학교생활을 하기조차 어려운 지경이 되었습니다. 대응할 방법이 있을까요?

> **"인스타그램은 괴롭힘이나 따돌림 게시물에 대한 신고 페이지를 운영하고 있어 이를 통해 삭제 요청을 할 수 있고, 별도로 게시물 작성자에게 직접 연락해 삭제 요청을 할 수도 있습니다."**

특정성·집단성 살펴야

명예훼손이 성립하려면 피해자가 특정되어야 하지만, 반드시 사람의 성명을 명시해야 하는 것은 아닙니다. 그 표현의 내용을 주위 사정과 종합 판단해 어느 특정인을 지목하는 것인가를 알 수 있으면 그 특정인에 대한 명예훼손죄가 성립합니다. 위 사례에서는 다른 친구들이 게시글의 대상이 누구인지 충분히 인식했으므로, 특정은 이루어졌다고 보입니다.

위 사례에서 최초의 친구가 쓴 글은 나에 대한 '구체적인 일화'와 '인성 품평', 두 가지로 나누어져 있습니다. 전자가 구체적인 사실이라면, 후자는 의견입니다. 친구가 나를 평가하면서 '한심하다', '불쌍하다' 정도로 말했다면 이를 모욕이라고 보기는 어려울 것입니다(대법원은 '한심하고 불쌍한 인간'이라는 경멸적 표현에 관해 부적절한 표현이기는 하나 사회상규에 어긋나지 않다고 보았습니다(대법원 2008. 7. 10. 선고 2008도1433 판결)). 그런 평가의 전제가 되는 구체적인 일화가 진실한 사실이라면, 화가 나지만 그 게시글을 고소할 수는 없습니다. 그러나 이런 비방이 집단으로 이루어져 괴롭힘이나 따돌림에 해당할 정도라면, 해당 SNS의 정책에 따라 게시글, 댓글의 삭제가 가능합니다.

예를 들어, 인스타그램과 페이스북은 별도 커뮤니티 가이드라인을 두고 게시물 또는 댓글을 신고할 수 있도록 하고 있습니다. 스팸, 나체 이미지 또는 성적 행위, 혐오 발언 또는 암시, 폭력 또는 위험한 조직, 따돌림이나 괴롭힘, 불법 또는 규제 상품 판매, 지적재산권 침해, 자살 또는 자해, 섭식 장애, 사기 또는 거짓, 거짓 정보 등이 신고 사유입니다.

강력한 정책 적용되는 미성년자

위 커뮤니티 가이드라인에 따르면 '따돌림이나 괴롭힘'과 같은 온라인 폭력은 사람들이 안전하지 않고 존중받지 못한다는 느낌이 들게 하므로 허용되지 않습니다. 특히 미성년자에게는 따돌림 및 괴롭힘이 더 큰 정서적 충격을 줄 수 있으므로, 만 14~19세의 사용자에게는 더 강력한 보호 정책이 적용됩니다.

게시글이 올라온 SNS의 커뮤니티 가이드라인을 잘 살펴 게시글을 삭제할 수 있는 신고 사유가 있는지 살펴보고, 신고 여부를 판단해야 합니다. 경우에 따라 게시글 삭제 신고가 상황을 악화시킬 수 있기 때문입니다.

해당 SNS의 정책 적극 활용!

- **만 14~19세의 사용자는 더 강력한 보호 정책 적용**
- **집단적인 따돌림이나 괴롭힘**
  학교폭력 예방 및 대책에 관한 법률에서 정한 절차에 따라 조치 진행 가능
- **게시글과 댓글 중에 모욕죄나 협박죄가 될 것**
  형사고소 진행 가능
- **민법상 불법행위가 된다면**
  손해배상청구 진행 가능

CHAPTER 1. CASE STUDY- 개인

CASE 3   유튜브에 게시된 불법 촬영 영상물

Legal guide
- ☑ 정보통신망법
- ☐ 명예훼손죄
- ☐ 모욕죄
- ☑ 성폭력처벌법

Question 제가 촬영에 동의하지 않은 성관계 동영상이 유튜브(Youtube), 틱톡(Tiktok) 등에 버젓이 올라와 있습니다. 최대한 신속하게 삭제하고 싶은데 어떤 방법이 있을까요?

> **"유튜브, 페이스북, 틱톡 등 주요 인터넷 사이트는 성범죄나 사생활 침해, 기타 권리침해와 관련된 엄격한 가이드라인을 마련해 신고 절차를 규정하고 있고, 그에 따른 삭제나 비공개 조치를 요구할 수 있습니다."**

유튜브 가이드라인 활용도 유용

이른바 'n번방 사건' 이후 디지털 성범죄의 한 유형인 불법 촬영물의 촬영, 인터넷 유포 등은 성폭력처벌법과 개정 정보통신망법에 따라 중범죄로 판단되어 강한 처벌을 받게 되었습니다. 그런데 해외에 서버를 두고 있는 유튜브 등에서 불법 촬영물이 유통되는 경우 여전히 국내 법 절차로는 그 가해자를 특정해 찾아내는 데 시간이 오래 걸리고 절차상의 어려움이 따릅니다. 때문에, 즉각적인 대응으로서 유튜브 자체 가이드라인 위반을 이유로 한 삭제 조치가 유용할 수 있습니다.

예컨대, 2022년 5월, 유명 유튜브 채널 G연구소는 수익정지 조치를 당했다고 밝혔습니다. 3개월 수익정지 조치의 사유는 G연구소 측이 2022년 4월 18일 전직 법무부 장관 C씨의 딸이 근무하는 병원에 잠입, 몰래카메라로 C씨를 촬영해 업로드한 동영상이 유튜브의 '괴롭힘' 가이드라인에 위반되었기 때문이었습니다.

이렇듯 유튜브는 서비스 약관 및 커뮤니티 가이드 등 자체 규정을 통해 특정 콘텐츠가 개인정보를 침해하는 경우, 권리 침해적 성격을 가지는 경우, 성적으로 부적절한 내용을 포함하는 경우, 혐오 발언을 포함하는 경우 등 일정한 경우 '신고' 옵션을 통해 영상 게시가 중단될 수 있도록 하고 있고, 경우에 따라 채널 자체에 대한 제재조치도 하고 있습니다.

'가이드라인'을 위반한 게시물은 매우 신속하고 즉각적으로 삭제 또는 비공개 처리가 되는 특징이 있어, 유튜브 불법 촬영 영상물 및 기타 부적절한 게시물에 대한 유효 적절한 대응 방법이 되기도 합니다.

유튜브 커뮤니티 가이드에서 가이드라인 위반이라고 판단하는 콘텐츠 (2022. 5. 기준)

1. 스팸 및 기만 행위	• 스팸, 현혹 행위, 사기 • 명의 도용 • 허위 참여
2. 민감한 콘텐츠	• 과도한 노출 및 성적인 콘텐츠 • 아동 안전 관련 • 자살 및 자해
3. 폭력적이거나 위험한 콘텐츠	• 유해하거나 위험한 콘텐츠 • 폭력적이거나 노골적인 콘텐츠 • 폭력 범죄 조직 증오심 표현 • 괴롭힘 및 사이버 폭력
4. 규제 상품	• 불법 또는 규제 상품과 서비스 판매 • 총기류
5. 잘못된 정보	• 잘못된 정보 • 잘못된 선거 정보 • 코로나19 잘못된 의료 정보 • 잘못된 백신 정보

그 외에도 신고자는 개인정보 침해 신고 제출 절차를 통해 유튜버가 콘텐츠 업로더에게 삭제 조치를 하도록 조치할 수 있습니다.

CHAPTER 1. CASE STUDY- 개인

CASE 4   커뮤니티에서
         신상이 털린 경우

Legal guide
- ☑ 정보통신망법
- ☐ 명예훼손죄
- ☐ 개인정보 보호법

Question 어느 날 보배드림(자동차 커뮤니티)에 제 차량 번호판과 차종을 그대로 촬영한 블랙박스 영상이 올라왔는데, 난폭 운전자라면서 저격하고 있습니다. 주변 사람들은 제 차량 번호와 차종을 알고 있어서 저를 특정할 수 있을 것 같은데 어떻게 하는 게 좋을까요?

> "포털사이트와 인터넷 커뮤니티는 정보통신망법에 따라 게시 중단 요청을 할 수 있는 규정을 두고 있고, 주변인들이 차량 소유주를 특정할 수 있어, 실제로 명예훼손 피해가 발생했다면 법적인 조치가 가능합니다."

특정성 요건 살펴봐야

정보통신망법은 일반에 대한 공개 목적으로 사생활을 침해하거나 명예훼손을 하는 게시물에 대해 피해자가 서비스제공자에게 삭제 등을 요청할 수 있도록 규정하고 있습니다(법 제44조의2 제1항). 예컨대, 보배드림(bobaedream.co.kr) 사이트의 경우 게시 중단 요청을 할 수 있는 페이지를 별도로 운영하고 있고, 해당 페이지에 접속해 신청하는 방식으로 게시 중단 요청을 하는 것이 일차적인 대응 방법이라고 할 수 있습니다. (48-49p → CASE 10 '포털사이트의 임시 차단 조치'를 함께 참고하면 좋습니다).

한편, 명예훼손 대응과는 별개로 '신상이 털린다'는 측면에서 개인정보와 관련된 별도 법률문제도 존재합니다. 개인정보 보호법은 개인정보를 살아 있는 개인에 관한 정보로서 성명, 주민등록번호 및 영상 등을 통해 개인을 알아볼 수 있는 정보나 해당 정보만으로는 특정 개인을 알아볼 수 없더라도 다른 정보와 쉽게 결합해 알아볼 수 있는 정보라고 규정하고, 개인정보의 유출이나 원하지 않는 공개에 관해 형사처벌 규정을 두고 있습니다.

이는 명예훼손 또는 모욕죄에서 피해자의 '특정성'을 요구하는 것과도 관련이 있는 문제입니다. 외부적 명예를 보호법익으로 하는 명예훼손죄 또는 모욕죄는 피해자가 특정되어야 하는 까닭에, 단순히 차량 번호판이나 외관만 공개된 경우 명예훼손죄 성립 여부에 다툼이 있을 수 있습니다. 명예훼손죄의 요건 중 하나인 특정성이란 반드시 이름을 적시할 것을 요구하지는 않습니다. 하지만 전체적인 맥락과 그 내용을 살펴보았을 때 제3자가 게시글에서 지칭하는 사람이 누군지 인식할 수 있도록 하면 족하다고 할 수 있습니다. 개인정보 보호법상 '개인정보'가 노출되는 경우 명예훼손죄에서의 '특정성' 요건이 충족된다고 볼 수 있습니다만, 그렇지 않은 경우 별도 검토가 필요합니다. 차량 번호판의 경우 일반적인 제3자라면 그 번호판을 붙이고 있는 차량의 소유주가 누구인지 특정할 수 없습니다. 그러나 해당 차량의 번호판이 특정인 소유 차량이라는 점을 누군가 알고 있고, 문제가 되는 게시물의 당사자가 누구인지 특정할 수 있다면, 명예훼손의 특정성 요건이 충족되었다고 볼 수 있습니다.

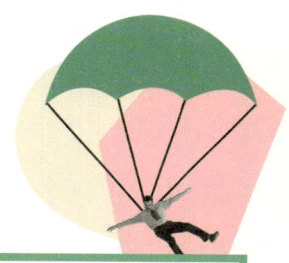

한눈에 보는 대응 방안

- 보배드림 사이트의 경우 게시 중단 요청 페이지에 게시 중단 요청을 하는 것이 일차적인 대응 방법!

- 일반적인 제3자라면 차량번호판만으로 게시글 속 차량의 소유주가 누구인지 특정할 수 없으나, 누군가 특정인 소유 차량의 번호판이라는 점을 인지해 게시물의 당사자를 특정한다면 '특정성' 요건을 충족해 명예훼손죄에 해당하게 된다.

CHAPTER 1. CASE STUDY- 개인

CASE 5 배달 앱에 올라온 악성 리뷰

Legal guide
- ☑ 정보통신망법
- ☐ 명예훼손죄
- ☐ 모욕죄

Question 쿠팡이츠(배달서비스 앱) 배달을 받은 손님이 저희 가게 음식에 관해 사실이 아닌 이야기를 리뷰에 잔뜩 써놓았습니다. 매출에 상당한 타격을 받게 될 것 같은데 이것도 명예훼손이 되나요?

> **고객이 배달업체 리뷰에 허위 사실을 적시해 가게를 음해하는 경우 허위 사실 적시 명예훼손이 될 수 있습니다. 다만 '공공의 이익'이 존재하는지에 따라 법적 판단이 달라질 수 있습니다.**

허위 사실 판단 우선

배달서비스 앱에 등록된 리뷰는 많은 논란의 대상이 되고 있습니다. 소비자가 음식에 관해 허위 사실을 작성하는 경우도 있고, 가게에서 소비자와 관련된 개인정보를 리뷰 댓글에 기재하는 경우도 있는 등 논란이 끊이지 않고 있습니다.

먼저, 악의적인 리뷰를 명예훼손으로 고소할 수 있는지는 악의적인 리뷰에 기재된 내용이나 표현이 허위 사실에 해당하는지를 일차적으로 판단해야 합니다.

악의적인 리뷰가 형사상 처벌되는 명예훼손죄의 대상이 되려면 허위 사실의 적시와 비방 목적이 인정되어야 합니다. 법원은 허위 사실과 단순 의견 표명을 구분하며, 단순 의견표명의 경우 처벌 대상이 되지는 않습니다. 예컨대 벌레가 나오지 않았음에도 불구하고 벌레가 나왔다는 거짓말을 리뷰에 작성하는 경우에는 허위 사실에 해당합니다. 그러나, 단순히 음식이 짜다, 비싸다, 맛없다, 알바가 무례하다 같은 의견표명은 허위 사실에 해당하지 않아 명예훼손으로 처벌할 수 없습니다. 그렇지만 발언에 이르게 된 경위, 발언의 의미와 전체적인 맥락, 발언 이후의 정황 등에 비추어 단순 의견표명의 수준을 넘어서는 내용의 경우 명예훼손으로 처벌될 수도 있습니다.

'공공의 이익' 해당 여부 잘 살펴야

한편, 고객이 진실한 사실을 적시한 경우 영업에 손해를 끼치는 사실을 적시했더라도 그것이 공공의 이익에 부합한다고 판단되는 경우 위법성 조각이 되어 형사 범죄를 구성하지 않게 됩니다(형법 제310조).

여기서 '오로지 공공의 이익에 관한 때'라 함은 적시된 사실이 객관적으로 볼 때 공공의 이익에 관한 것으로서 행위자도 주관적으로 공공의 이익을 위해 그 사실을 적시한 것이어야 합니다. 공공의 이익이란 반드시 국가적인 혹은 대중 전체의 이익만을 의미하는 것은 아니며, 일정 집단(배달서비스 앱의 경우 배달음식을 시켜먹는 잠재적인 고객들)에 정확한 정보전달을 제공할 목적으로 사실을 적시한 경우라면 공공의 이익이 인정될 수도 있습니다. 또한, 행위자의 주요한 동기나 목적이 공공의 이익을 위한 것이라면 부수적으로 다른 사익적 목적이나 동기가 내포되어 있더라도 형법 제310조의 적용을 배제할 수 없다는 것이 대법원의 태도입니다.

이런 '공공의 이익'에 해당하는 게시물의 경우 위법성이 조각되어 민·형사상 책임을 지게 될 소지가 크지 않지만, 공공의 이익이 인정될 수 없는 게시물의 경우 민사 불법행위 책임뿐만 아니라 명예훼손으로 처벌될 수도 있습니다.

Lawyer's Advice

특정 소비자의 개인정보를 무단으로 제3자에게 공개하는 행위는 그 자체로 개인정보 보호법 위반죄로 처벌될 수 있습니다. 소비자의 전화번호, 집주소, 아이디 등을 불특정 다수가 열람할 수 있는 배달서비스 앱에 직접 댓글을 다는 방식으로 공개하는 경우 처벌의 대상이 될 수 있습니다. 따라서 악의적인 게시글에 대해 감정적으로 대응하기보다는 차분하게 법적으로 대응하면서 영업 피해를 최소화할 수 있는 방법을 찾는 것을 권합니다.

CHAPTER 1. CASE STUDY- 개인

CASE 6 별점 테러와 불매운동

Legal guide

- [ ] 정보통신망법
- [ ] 명예훼손죄
- [ ] 모욕죄
- [x] 업무방해죄

Question 제 사업체에 관해 인터넷 댓글, 지도 앱 평점, 커뮤니티 게시글 등 다양한 방법을 통해 사실상의 불매운동을 펼치는 사람들이 있습니다. 업무방해에 대한 책임을 물을 수 있을까요?

> **특정인이 고의를 가지고 제3자의 영업을 방해하기 위해 인터넷을 적극적으로 활용해 악의적 댓글 작성, 의도적 평점 조작, 커뮤니티 게시글을 통한 명예훼손을 반복하는 경우 업무방해죄가 성립할 수 있습니다.**

댓글조작·불매운동 역시 업무방해

업무방해죄(형법 제314조 제1항)란 위계 또는 위력을 통해 사람의 업무를 방해하는 경우를 처벌하는 죄로서, 허위 사실 유포만으로도 업무방해죄는 성립할 수 있습니다.

2021년 1월, 서울 대치동 국어 1타 강사였던 P씨가 이른바 '댓글 조작 사건'으로 구속돼 경쟁업체의 별점 테러 혹은 댓글 조작 등이 사회적으로 큰 화두가 되었습니다. 톱스타 연예인급 수익을 벌어들이는 인강(인터넷 강의) 강사 자리를 지키거나 뺏기 위한 치열한 싸움 속에서는 비방 댓글이 난무하기도 합니다. 레스토랑이나 병원 등 역시 네이버지도 또는 카카오맵에서 별점 테러를 당하기도 합니다. 이런 경우는 모두 형법상 업무방해에 해당할 수 있습니다.

업무방해죄의 대표적인 모습으로는 불매운동이 있습니다. 불매운동은 공정한 가격으로 양질의 상품 또는 용역을 적절한 유통구조를 통해 적절한 시기에 안전하게 사거나 사용할 소비자의 제반 권익을 증진할 목적에서 행해지는 운동의 일환으로서 헌법 제124조를 통해 제도로서 보장됩니다. 그렇지만, 불매운동이 전체 법질서상 용인될 수 없을 정도로 사회적 상당성을 갖추지 못한 때에는 그 행위 자체가 형법 제314조 제1항의 업무방해죄에서 말하는 위력의 개념에 포함될 수 있습니다.

불매운동

소비자의 권리 vs 업무방해

소비자의 제반 권익을 증진할 목적에서 행해지는 운동의 일환으로서 헌법 제124조를 통해 제도로서 보장된다.

➡ 전체 법질서상 용인될 수 없을 정도로 사회적 상당성을 갖추지 못한 때에는 형법 제314조 제1항의 업무방해죄에서 말하는 위력의 개념에 포함될 수 있다.

업무방해 혐의 인정 범위

2013년 대법원은 2008년 광우병 촛불시위 당시 조선·중앙·동아일보에 대한 광고 중단 운동을 주도한 사람들에게 업무방해 혐의를 인정했습니다. 당시 인터넷포털 다음의 '언론소비자주권 국민캠페인(언소주)' 회원들은 광고주들에게 "조중동에 광고할 경우 기업 제품 불매운동을 벌이겠다"며 항의 전화를 하거나 항의 게시글 등을 올렸던 것이 문제가 되었습니다. 대법원은 이런 광고 중단 운동이 신문들에 대한 업무방해라고 할 수는 없지만, 광고주들에 대한 업무방해 행위는 될 수 있다고 판결했습니다. 카페 회원들의 지속적인 항의 전화 등이 광고주의 '자유의사'를 제압할 만한 위력에 해당한다고 본 것입니다.

대법원은 광고주들에게 지속적·집단적으로 항의 전화를 하거나 항의 글을 게시하고 그 밖의 다양한 방법으로 광고 중단을 압박한 행위는 피해자인 광고주들의 자유의사를 제압할 만한 세력으로서 위력에 해당한다고 판단했습니다.

CHAPTER 1. CASE STUDY- 개인

CASE 7 나무위키에 올라온 나의 정보

Legal guide
- ☑ 정보통신망법
- ☐ 명예훼손죄
- ☐ 모욕죄

Question 어느 날 나무위키(불특정 다수가 내용을 수정할 수 있는 위키 웹사이트)에 들어가 보니 저도 모르게 제 이름의 페이지가 생성되어 있고, 사실이 아닌 내용이 마치 사실인 것처럼 마구잡이로 서술된 것을 발견했습니다. 나무위키 페이지를 없애거나, 없앨 수는 없더라도 불편한 내용은 모두 삭제하고 싶은데 방법이 없을까요?

> **나무위키는 자체 편집 규정을 두고 있는데, 해당 규정에 따라 페이지 전체 또는 페이지의 일정한 내용에 대해 나무위키 운영자에게 접근제한 조치나 임시 조치를 하도록 요구할 수 있습니다.**

게시물 중단·삭제 어려운 나무위키

나무위키(namu.wiki) 사이트는 위키 방식으로 생산, 운영되는 백과사전 서비스입니다. 위키(wiki)란 웹사이트 운영자가 내용을 작성해 사용자에게 제공하는 일반적인 방식과 달리, 웹사이트상 문서의 작성, 편집 권한이 모든 사용자에게 부여된 웹페이지 모음입니다. 나무위키는 2021년 기준 대한민국 인터넷 트래픽 순위에서 네이버, 구글, 유튜브, 다음 등에 이어 7위를 기록할 정도로 영향력이 높은 인터넷 사이트입니다.

모든 이용자가 쉽게 접근해 작성할 수 있는 특성 때문에 나무위키에는 연예인, 정치인 등 유명 인사에 대한 많은 폭로와 비방 등이 게시되는데 작성자 개인의 추측에 불과하거나 신뢰하기 어려운 출처에 기인한 정보도 많습니다. 그럼에도 많은 사람들이 나무위키를 1차적인 정보 검색 출처로 이용하며, 나무위키 상의 내용을 공신력 있는 사전이나 언론보도에 준하는 것으로 인식하고 있어, 나무위키에 허위 사실이 게시되는 경우 그 피해가 큽니다.

나무위키는 서버가 외국에 있다고 알려져 있습니다. 이 때문에 나무위키에 허위사실이 기재되면 정보통신망법에 근거한 임시조치를 취하기보다는 나무위키 규정을 활용해 해당 문서나 서술에 대한 '접근 제한' 조치나 '임시 조치'를 요청하는 것이 일반적입니다.

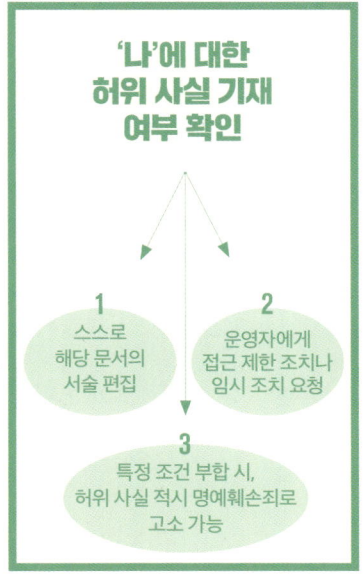

나무위키 자체 규정

나무위키 사이트는 모든 이용자가 참여한다는 특성 때문에 누구의 서술을 옳다고 보아 사이트에 남겨놓을지 결정하기 위해, '기본방침'과 '편집 지침' 등의 규정을 마련해 시행하고 있습니다. 예를 들어 특정 문서가 금지 및 제한 규정에 위반되는 서술이나 비하성 서술을 포함하고 있는 경우, 또는 사생활을 침해하는 서술을 포함하고 있는 경우 이를 '토론'에 부쳐 해당 문서 전체 또는 일부 서술의 존치 여부에 관해 관리자, 중재자 등으로부터 판단을 받을 수 있습니다(토론 상 합의에 의한 서술).

개인정보가 불법적으로 게시되어 있거나 허위 사실 적시 명예훼손 서술이 게시된 문서에 대해서는, 마스킹 된 신분증을 첨부해 운영자(support@namu.wiki)에게 총 4단계로 분류된 '접근 제한' 조치나 '임시 조치'를 요청할 수 있습니다. 임시 조치가 이루어지는 경우 '투명성 보고서'에 요청자, 권리자, 처리 결과, 내부 관리번호, 요청 이메일 내용 원문이 대외적으로 공개됩니다.

CHAPTER 1. CASE STUDY- 개인

CASE 8 대학 커뮤니티에 올라온 비난글

Legal guide
- ☑ 정보통신망법
- ☐ 명예훼손죄
- ☐ 모욕죄

Question 에브리타임(대학생 블라인드 커뮤니티)에 제가 고등학교 시절 학교폭력 가해자였다며 비난하는 글이 올라왔는데, 저는 학교폭력 가해를 한 사실이 전혀 없습니다. 어떻게 대응하는 게 좋을까요?

> **"에브리타임(에타)과 같이 대학교 블라인드 커뮤니티에 올라온 글이 명예훼손 내용을 담고 있는 경우 정보통신망법에 따른 임시 조치 요청과 민·형사상 조치를 동시에 취할 수 있습니다."**

신속한 대응 필요

에브리타임(에타)은 대학교 블라인드 커뮤니티의 한 종류로, 처음에는 시간표 제작 및 정보공유 등으로 시작한 사이트이나, 현재는 국내 최대 규모의 대학 커뮤니티가 되었습니다. 에브리타임 게시판의 유저(사용자)는 대부분이 익명으로 게시글과 댓글을 작성하기 때문에, 명예훼손성 글이 게시되는 경우 정보통신망법상 임시차단 조치뿐만 아니라 민·형사상 대응을 통해 신속한 대응이 필요합니다. (50-51p → CASE11, '인터넷에 퍼지는 허위 사실'을 함께 참고하면 좋습니다.)

한편, 수많은 유명인이 과거 학창 시절 학교폭력 가해자로 지목되어 사회적 이슈가 되고 있습니다. 유명 인사의 학교폭력 가해 의혹은 본인뿐만 아니라 가족, 소속사 등에도 물질적, 정신적 손해를 일으킬 수 있는 민감한 주제이므로 전문적이고도 즉각적인 대응이 필요합니다.

과거 학창 시절의 학교폭력 의혹은 객관적인 증거가 없이 이해관계자들의 진술 중심으로 사건이 재구성되는 경우가 많아, 형사사건으로 비화하는 경우 우호적인 진술을 해줄 수 있는 제3자의 도움이 필요한 경우가 많습니다.

적극적으로 증거 확보해야

사건 발생 당시의 정황을 객관적으로 기록해 놓은 자료(생활기록부 또는 학교폭력위원회 자료)가 있다면 증거의 증거력이 가장 높게 판단됩니다. 생활기록부 등에 기재될 정도가 아닌 경우라도 당시의 가해자 또는 피해자가 직접 작성한 카카오톡 대화의 캡처 화면, 통화 녹음, 녹취록 등도 중요한 증거가 될 수 있습니다. 사건이 발생한 후 오랜 시간이 지났더라도, 당시 상황을 당사자가 재구성해 주고받은 대화 또한 증거가 될 수 있으므로, 가해자로 지목된 경우든 피해자로 지목된 경우든 적극적인 증거 수집 노력이 필요합니다.

학교폭력 사건은 당사자들 사이 사건을 재구성하는 방식이 크게 차이가 나기도 하며, 각자 우호적인 진술을 해줄 수 있는 친구들이 있어 수사기관이 혼란을 겪기도 합니다. 수사기관은 당사자의 말을 믿기에 앞서 증거의 존재 여부에 따라 당사자 주장의 진실 여부를 확인하기 때문에, 더 많은 객관적인 증거를 제시해 자신의 주장을 뒷받침하는 당사자가 유리한 고지를 선점할 수 있습니다.

적극적인 증거 수집이 관건!
- 생활기록부 또는 학교폭력위원회 자료 등 객관적인 기록 자료
- 카카오톡 대화의 캡처 화면
- 통화 녹음, 녹취록
- 당사자가 당시 상황을 재구성해 주고받은 대화

CHAPTER 1. CASE STUDY- 개인

CASE 9 가해자로 암시하는 언론매체 기사

Legal guide

- ☑ 언론중재법
- ☑ 정보통신망법
- ☑ 명예훼손죄
- ☐ 모욕죄

Question 합의된 성관계 이후 상대방이 돌연 저를 강간죄로 고소했습니다. 저는 무고하다는 입장이고 수사기관에서 무혐의를 입증하려고 하는 중인데, 어느 날 갑자기 언론사에서 제가 성폭력 범죄로 수사를 받고 있다는 내용의 기사를 보도하면서, 마치 성폭력 범죄가 사실인 양 써놓았습니다. 어떻게 대응하는 게 좋을까요?

> **" 언론사에서 단순히 수사 사실만을 기사화했는지, 그 전체적인 논조나 표현 내용으로 보아 확정적 보도인지, 반론을 충분히 보도했는지 등에 따라 대응 방법이 달라집니다. "**

사회적 흐름도 고려 대상

언론매체의 어떤 기사가 타인의 명예를 훼손해 불법행위가 되는지의 여부는 일반 독자가 기사를 접하는 통상의 방법을 전제로 그 기사의 전체적인 취지와의 연관 하에서, 기사의 객관적 내용, 사용된 어휘의 통상적인 의미, 문구의 연결 방법 등을 종합적으로 고려해 그 기사가 독자에게 주는 전체적인 인상을 기준으로 판단해야 합니다. 이에 더해, 당해 기사의 배경이 된 사회적 흐름 속에서 당해 표현이 가지는 의미를 함께 고려해야 합니다.

어떤 의견의 표현이 그 전제로서 사실을 직접적으로 표현한 경우 뿐만 아니라, 간접적이고 우회적인 표현이라고 하더라도 그 표현의 전 취지에 비추어 어떤 사실의 존재를 암시한다면 명예훼손으로 평가될 수 있습니다.

공공성·사회성 확인

보도된 내용이 공적인 인물을 대상으로 삼았는지도 중요한 판단기준이 됩니다. 공적 인물과 관련된 공적 관심사에 관해 의혹을 제기하는 형태의 표현행위에 대해서는 일반인에 대한 경우와 달리 암시에 의한 사실의 적시로 평가하는 데 신중해야 한다는 게 법원의 입장입니다. 피해자가 공적 인물인지 사적 인물인지, 발언이 공적인 관심 사안에 관한 것인지 순수한 사적인 영역에 속하는 사안에 관한 것인지, 발언이 객관적으로 국민이 알아야 할 공공성이나 사회성을 갖춘 사안에 관한 것으로 여론 형성이나 공개토론에 이바지하는 것인지 아닌지 등을 따져 보아 공적 인물에 대한 공적 관심 사안과 사적인 영역에 속하는 사안 사이에 심사기준의 차이가 발생하게 됩니다.

또한, 어떤 보도가 단순히 의혹 제기만을 한 것인지, 수사를 받는다는 사실만으로 그 피의사실 내용이 실제 사실인 것처럼 확정적으로 보도한 것인지, 피해 대상이 공적 인물인지 여부 등은 모두 구체적인 사실관계에 따라 다르게 판단될 수 있는 내용입니다. 언론보도 내용의 구체적인 문구 및 전체적인 맥락, 보도 전후 추가 취재 여부 등을 전반적으로 살펴보아 어떤 보도가 허위 사실 적시 명예훼손에 해당하는지 여부를 개별적으로 판단해볼 필요가 있습니다.

이런 판단 끝에 정정보도 청구, 반론보도 청구 등의 대응 방법이 달라지며 (136-137p ▶ 챕터3 '정정/반론/추후 보도 개관'을 함께 참고하면 좋습니다) 언론중재위원회 조정신청이나 언론중재법에 의한 민사소송 이외에도 출판물에 의한 명예훼손죄 고소도 선택할 수 있습니다.

언론 매체 기사의 명예훼손 여부 판단 시 고려사항

- 기사의 전체적인 취지
- 기사의 객관적 내용
- 사용된 어휘의 통상적인 의미
- 문구의 연결 방법
- 당해 기사의 배경이 된 사회적 흐름 속에서 당해 표현이 가지는 의미
- 독자에게 주는 전체적인 인상 등

CHAPTER 1. CASE STUDY- 개인

CASE 10 포털사이트의 임시 차단 조치

Legal guide

☑ 정보통신망법

Question 포털사이트에 저에 대한 허위 사실이 담긴 게시물이 업로드되었습니다. 일단 정보통신망법 에 따라 임시 차단 조치를 요청해서 게시물이 블라인드 처리가 되기는 했는데, 다시 복구될까 봐 두렵습니다. 게시물을 영원히 삭제시키는 방법이 없을까요?

> **정보통신망법은 게시물에 대해 30일 이내의 임시 조치만 가능하도록 규정하고 있으므로, 게시물을 영원히 삭제하도록 하려면 민사소송을 통해 게시물 삭제 청구를 해야 합니다.**

절차 통해 비공개 또는 삭제 가능

정보통신망법은 게시물 임시 조치라는 것을 할 수 있도록 규정하고 있는데, 이것이 바로 게시물의 임시적 비공개 처리입니다. 이러한 게시물 임시 조치는 30일 이내에만 가능하며(법 제44조의2 제4항), 그 구체적인 내용은 각 정보통신 서비스 제공자 약관에서 정하도록 하고 있습니다(동조 제5항). 국내 유명 포털사이트인 네이버, 다음, 네이트 등 주요 정보통신 서비스 제공자는 약관을 통해 정보통신망법에서 규정한 게시물 임시 조치를 구체화하도록 규정하고 있습니다. 대표적으로 네이버의 경우 카페, 블로그, 지식iN, 지도평가글, 뉴스(댓글), 증권(댓글), 모두 서비스 등에 게시된 게시글, 댓글, 질문과 답변글, 의견글, 리뷰 등에 대해 아래의 절차를 거쳐 삭제 또는 복원 절차를 거칠 수 있도록 하고 있습니다.

이 과정에서 포털사이트 운영자는 게시자로부터 게시 중단 요청에 대한 이의신청이 접수되면, 정보통신망법에 따라 임시 조치 30일 후 복원 조치를 합니다. 한편 이의신청이 접수되면 게시 중단 요청자에게 관련 사실이 통지되며, 게시 중단 요청자는 방송통신심의위원회에 게시물 심의 신청을 할 수 있습니다. 방송통신심의위원회 명예훼손 분쟁조정부(법 제44조의10)는 규칙에서 정한 절차에 따라 조정 과정을 거치게 됩니다.

실무적으로는 게시중단요청을 할 때는 (1)게시물에 기재된 사실관계의 구체적 내용, (2)그 사실관계는 허위라는 점을 객관적인 입증자료를 통해 소명하는 것이 바람직합니다. 이때 허위사실 적시 명예훼손의 기본적인 법리를 잘 알고 있으면 도움이 됩니다

영원히 삭제하는 규정은 없어

한편, 정보통신망법은 게시물에 대한 '임시' 중단 조치만 가능하고, 게시물을 영원히 삭제시키는 방법은 따로 규정하고 있지 않습니다. 인터넷 게시물을 제3자에게 보이지 않게 한다면 이는 블라인드 처리가 돼 삭제와 다름없는 대응 방법으로서, 명예훼손 게시물에 대한 중요한 대응 방법이 됩니다. 게시물을 영원히 삭제시키고 싶은 경우, 조금 시간이 오래 걸리더라도 법원에 민사소송을 통해 게시물 삭제 청구를 하는 방식을 생각해 볼 수 있습니다.

포털사이트 게시 중단 요청 과정

게시 중단 요청 접수 → 요청 유형 선택 → 권리침해 피해자 선택 → 첨부 서류 제출 → 본인 확인 → 요청 등록 → 접수 완료

CHAPTER 1. CASE STUDY- 개인

CASE 11   인터넷에 퍼지는 허위 사실

Legal guide

- ☑ 정보통신망법
- ☐ 명예훼손죄

Question   저는 한 기업의 대표인데 인터넷에 저와 관련된 허위 사실이 급속도로 퍼져 나가고 있습니다. 포털 댓글뿐만 아니라 인터넷 커뮤니티 등에서도 이 허위 사실이 마치 사실인 것처럼 퍼지고 있어 입장문 발표, 보도자료 배포, 악플러들에 대한 명예훼손 고소 등을 진행하려고 하는데 적절한 대응일까요?

> **인터넷에서 퍼지는 허위사실에 관하여 입장문을
> 발표하는 것이 언제나 정답은 아닙니다.
> 실효성과 그로 인한 파급효과를 따져보아야 합니다.
> 법적 조치를 취하는 것도 마찬가지입니다.**

일반인도 보도자료 배포 가능

인터넷의 특성상 허위 사실은 여러 곳에서 다양한 방식으로 동시에 유포될 가능성이 큽니다. 이때, 유포되고 있는 허위사실을 실시간으로 차단하는 것이, 사후적으로 고소, 손해배상청구 등 일반적인 법적조치보다 더 빠르고 효과적일 수 있습니다.

대표적인 것이 보도자료 작성과 배포입니다. 보도자료 작성과 배포는 반드시 저명 인사일 것을 전제로 하지는 않습니다. 주변 사람들에 대한 자신의 명예를 지키기 위해서라도 보도자료 작성과 배포는 필요할 수 있습니다. 다만, 보도자료 작성과 배포는 그 자체만으로 허위 사실의 확대 재생산 또는 평판 훼손 등 또 다른 문제를 의도치 않게 발생시킬 수 있으므로, 보도자료 작성이 필요한지 아닌지는 개별 사안마다 다르게 판단할 필요가 있습니다.

인터넷에서 제기되는 합리적인 의문이나 문제 제기까지 모두 허위 사실 유포로 판단해 고소하겠다는 입장을 발표하는 경우 오히려 평판과 이미지에 심대한 타격을 입을 수도 있으므로, 법리검토뿐만 아니라 PR(홍보, 마케팅 등) 측면에서도 다양한 검토가 필요합니다. 사안에 따라 보도자료 작성과 배포가 유효 적절한 수단이라고 판단하는 경우에는, 보도자료를 통해 허위사실에 대한 자신의 입장을 명시적으로 밝힌 후, 허위사실 유포행위에 대해서는 민·형사상 법적 조치를 취할 것이라는 점을 밝힐 필요가 있습니다. 보도자료는 기자들이 보게 되므로, 이러한 보도자료 배포는 걷잡을 수 없이 퍼져 나가는 인터넷상의 허위사실 유포를 차단하는 최우선적 조치로서 효과가 있습니다.

플랫폼 따라 달라지는 조치

반면, 보도자료 작성과 배포가 유효 적절하지 않은 수단이라고 판단할 경우, 허위보도를 한 매체를 특정해 개별 삭제, 차단 조치하는 방식으로 인터넷상의 추가적인 유포를 차단하는 조치를 해야 합니다. 구체적으로는 허위 사실이 올라온 인터넷 매체가 언론사 기사를 통한 포털사이트 및 악성댓글인지, DC인사이드나 MLB파크 같은 인터넷 커뮤니티인지, 나무위키나 블로그 같은 별도 페이지인지 등에 따라 대응 방법이 달라집니다. 또한 취하고자 하는 조치가 선제적인 유포 차단인지 개별 게시물에 대한 사후적인 삭제인지 등에 따라서도 달라지며, 기사를 받아쓴 인터넷 신문 매체의 경우 내용증명 우편을 발송하고 직접 전화 연락을 하면, 사안에 따라 기사를 삭제해주는 경우도 있습니다.

Lawyer's Advice

어떤 방식의 대응이든, 중요한 것은 명예훼손이 발생한 본질적인 원인을 찾는 것입니다. 그것이 허위 사실 적시와 고의성 짙은 평판의 훼손인지, 해명이 필요한 사안에 대한 문제 제기인지 등을 정확하게 구분한 뒤, 어떠한 조치가 가장 시의적절하고 평판의 위기를 극복할 방법인지 모색하는 길입니다. 대중이 거짓 해명이나 입막음 조치라는 평가를 하지 않도록 신중한 접근이 필요한 때도 있습니다. 커뮤니케이션 전문가와 법률 전문가로부터의 통합적인 판단이 많은 경우 문제 해결의 실마리가 될 수 있습니다.

CHAPTER 1. CASE STUDY- 기업

CASE 12 구직자의 평판 조회

Legal guide

☑ 개인정보 보호법

Question 저희 회사에서 안 좋은 이슈로 퇴사한 직원이 이전 회사에서도 소란을 일으키고 퇴사했다는 사실을 알게 됐습니다. 이번 지원자들은 종전 회사에 연락해 평판 조회를 진행해보려고 하는데 요즘 개인 정보 관련 이슈가 워낙 많아 걱정이 됩니다.

> **지원자에 관한 정보를 듣는 것은 '개인정보의 수집'에 해당하므로 정보 주체인 지원자의 동의가 필요합니다. 헤드헌터나 평판 조회 전문회사 등을 이용하는 경우라면 이들에 대한 지원자 정보 제공도 동의를 받아야 합니다.**

개인정보 보호법은 개인정보 처리자가 정보주체의 동의를 받지 않고 개인정보를 수집하는 경우 5천만원 이하의 과태료를 부과하고(제75조 제1항 제1호, 제15조 제1항), 정보주체의 동의를 받지 않고 개인정보를 제3자에게 제공한 자를 5년 이하의 징역 또는 5천만원 이하의 벌금에 처합니다(동법 제71조 제1호, 제17조 제1항).

서면동의서 필수

회사 인사담당자가 지원자의 동료나 상사, 지인들에게 전화 해 지원자에 관한 정보를 듣는 것은 '개인정보의 수집'에 해당하므로 정보 주체인 지원자의 동의가 필요합니다. 또한, 회사는 헤드헌터나 평판 조회 전문회사 등 타 업체를 이용해 평판 조회를 하는 경우라면, 회사가 지원자의 정보를 이런 제3자에게 제공하는 것에 대해 지원자의 동의를 받아야 합니다.

따라서 회사는 평판 조회 시행에 관해 지원자들로부터 서면 동의서를 반드시 받아야 합니다. 이러한 동의서에는 개인정보의 수집과 관련해 ① 개인정보의 수집·이용 목적 ② 수집하려는 개인정보의 항목 ③ 개인정보의 보유 및 이용 기간 ④ 동의를 거부할 권리가 있다는 사실 및 동의 거부에 따른 불이익이 있는 경우 그 불이익의 내용을, 개인정보의 제3자 제공과 관련해 ① 개인정보를 제공받는 자 ② 개인정보를 제공받는 자의 개인정보 이용 목적 ③ 제공하는 개인정보의 항목 ④ 개인정보를 제공받는 자의 개인정보 보유 및 이용 기간 ⑤ 동의를 거부할 권리가 있다는 사실 및 동의 거부에 따른 불이익이 있는 경우에는 그 불이익의 내용을 각각 기재하고 알려야 합니다.

주변인·SNS 조회 동의도 챙겨야

회사는 지원자들에게 평판 조회 시행에 관한 동의서를 받으면서, 평판 조회 대상자를 지정해달라고 요청하는 일이 많습니다. 그러나 지원자들이 지정한 대상자에 대해서만 평판 조회를 할 경우 정확한 정보를 얻을 수 없기 때문에, 그 외의 사람들에게도 전화로 평판 조회를 하는 일이 많습니다.

회사 인사담당자가 지원자가 지정하지 않은 직장동료 등에게 전화해 지원자의 성명을 밝히며 그가 회사에 채용 지원한 사실을 알리는 것을 개인정보의 제공이라고 평가해 개인정보 보호법이 적용되는 영역으로 보기는 어렵습니다. 다만, 지원자가 경력직이라면 이직을 준비하는 사실이 예상하지 않은 사람에게 알려져 현재의 직장에서 불이익을 받는 상황을 원하지 않을 것이고, 자신이 지정하지 않은 사람에게 평판 조회를 한 것을 문제 삼을 수 있습니다. 따라서 평판 조회 실시 동의서에는 지원자가 지정하는 대상자 외의 사람에게도 평판 조회를 위해 연락할 수 있다는 점을 기재하고 이에 대해서도 동의를 받아두는 편이 좋습니다.

또한, 요즘에는 지원자의 SNS 계정 등을 살펴보는 경우도 있는데 불특정 다수에게 공개된 것이기는 하나, 가능하다면 이에 대해서도 미리 동의 받는 편이 좋습니다.

CHAPTER 1. CASE STUDY- 기업

CASE 13 블라인드 부정 글 대처

Legal guide

- ☑ 정보통신망법
- ☐ 명예훼손죄
- ☐ 모욕죄

Question 블라인드(직장인 커뮤니티 앱)에 회사에 대한 불만 글이 너무 많이 게재되고 있습니다. 경영진에서는 글쓴이를 확인해서 징계하자 하고 또 블라인드 앱 상에서 회사 입장을 직접 해명할 것을 원하는데 이렇게 하는 것이 적절할까요?

> **오히려 구성원들의 오해를 불러일으키거나 해당 이슈에 대한 관심도만 높일 수도 있습니다. 만에 하나 대응 커뮤니케이션이 꼭 필요한 이슈라 판단되면 블라인드 채널 밖에서 커뮤니케이션하는 것이 낫습니다.**

리스닝 툴이라는 점 명심해야

블라인드 서비스에 대해 기업 평판 관리 측면에서 명확히 이해해야 할 점은 블라인드 서비스가 구성원들의 의견을 듣는 '리스닝 툴(Listening Tool)'이지 대응하는 채널이 아니라는 것입니다. 과거에 퇴근 후 회사 뒷골목 포장마차나 선술집에서 소주 마시며 직장 생활의 희로애락을 공유하고 배출했던 기업 구성원들의 자유로운 커뮤니케이션 공간이 이젠 모바일 툴로 이동했다는 커뮤니케이션 방식의 변화를 이해해야 합니다.

이 변화를 이해하지 않고 블라인드 서비스에서 회사가 공공연하게 개입하게 되면 개선과 소통의 목적을 달성하기보다 오히려 감시받고 있다는 구성원들의 오해를 불러일으키거나 해당 이슈에 대한 관심도만 높일 수 있습니다. 특히 이슈를 제기한 글쓴이를 색출해 징계하는 대응은 최악의 대응입니다. 만에 하나 대응 커뮤니케이션이 꼭 필요한 이슈라 판단되면 블라인드 채널 밖에서 커뮤니케이션하는 것이 낫습니다.

모바일 툴 커뮤니케이션의 이해 (블라인드, 잡플래닛, 네이트 판 등)

- 직장 생활의 희로애락을 공유하고 배출하는 온라인 모임 장소
- 이슈를 제기한 글쓴이를 색출해 징계하는 대응 = 최악!
- 구성원 불만이 표출된다는 것은 오히려 건강한 조직!
- 집단지성보다 집단감성이 강하게 작동하는 공간

자정작용 기대하기 힘들어

블라인드 채널 내 의견은 내부 경영진의 입장이 확립된 상태에서 메시지가 나올 수 있는 기업 원칙과 기업 문화 이슈가 많습니다. 그래서 즉각 개선하거나 공식적으로 대응하기 어려운 이슈들입니다. 하지만 중장기적으로 개선하고 변화해야 할 주제들이 있다면 수렴하고 실행해야 할 이슈이기도 합니다. 블라인드에 표출되는 불만이 부담스럽다고 생각하는 경영진들이 많습니다. 하지만 구성원 불만이 전혀 없는 조직은 더 이상한 조직입니다. 어느 정도 구성원 불만이 표출된다는 것은 오히려 건강한 조직일 수 있습니다. 기업 경영진과 주요 임원들은 다양한 불만에 일희일비하기보다 왜 구성원의 불만이 우리 내부에서 소화되지 않고 블라인드, 잡플래닛, 네이트 판 등 외부 채널에서 소화되는지 고찰해 봐야 합니다.

"진정성을 알아줄 것이다", "자정작용을 믿는다"라고 말하는 경영진들이 있는데 현실은 다릅니다. 기업 안과 밖 여론은 자연이 환경을 정화하듯 자정작용이 일어나지 않습니다. 특히 온라인은 집단지성보다 집단감성이 강한 공간입니다. 구성원들의 소통 패턴을 분석하고 그에 따라 소통(대응) 방식을 달리해야 합니다. 이제 기업이 컨트롤할 수 있는 내부 소통 프로그램과 플랫폼에서 구성원들의 불만을 소화해낼 수 있는 시스템과 역량이 필요한 시점이 되었습니다.

CHAPTER 1. CASE STUDY - 기업

CASE 14 블라인드 앱 게시글 삭제

Legal guide

- [x] 정보통신망법
- [ ] 명예훼손죄
- [ ] 모욕죄

Question 블라인드 앱에 성폭력한 임원을 회사가 감싸주고 있다는 허위글이 올라왔습니다. 경영진에서는 하루 빨리 게시글을 삭제하라고 하는데 가능한 일인가요?

> **블라인드는 게시글을 '숨김'으로 처리하는 방식을 채택하고 있습니다. 다만 포털 게시중단과 같은 처리 경과나 사유에 대한 커뮤니케이션은 없습니다.**

게시 중단 커뮤니케이션 따로 없어

블라인드 서비스의 게시글 관리는 블라인드 운영자들이 글을 선제적으로 모니터링 하지 않고 신고 접수된 글을 확인해 규정 위반 여부를 판단 후 '숨김'으로 처리하는 방식을 채택하고 있습니다.

다만 포털 게시 중단과 같은 처리 경과나 사유에 대한 커뮤니케이션은 없습니다. 이는 블라인드가 캘리포니아 주 법과 미국 법률에 따라 서비스되고 있어 한국 정보통신망법의 게시 중단이 적용되지 않는 서비스이기 때문으로 추정됩니다.

게시물 숨김 처리 기준과 방식

게시글 삭제(숨김 처리)가 되는 최소 신고 수는 회사·라운지의 규모나 채널의 특성에 따라 다르다고 알려져 있으며 일정 수 이상 신고가 접수된 경우 시스템에 의해 자동으로 해당 글은 숨김 처리(글 작성자, 제목, 원문 모두 확인 불가) 되고 있습니다. 조직적 신고 및 악의적으로 소통을 방해하는 행위를 방지하기 위해 일일 신고 수를 이용자당 일 최대 5회까지로 제한하고 있으며 작성자의 소명 혹은 관리자의 판단에 따라 시스템의 숨김 처리가 해제될 수 있습니다.

블라인드 서비스는 욕설, 음란성, 불법성 홍보, 불건전한 선동, 특정인 비방, 차별·비하적 발언, 퇴사자, 토픽에 맞지 않는 글, 유사한 내용 및 반복적 게시가 제재 사유에 해당한다고 밝히고 있습니다.

특히 불법 촬영물, 허위 영상물, 아동·청소년 성 착취물에 대해서는 별도 신고 창구를 운영해 적극적으로 대응하고 있습니다. 특정인으로 추정이 가능한 실명, 이니셜, 초성, 특정인으로 추정될 수 있는 표현 등의 게시글과 댓글에 대해서는 게시글 삭제(숨김 처리)에 더 적극적이며 해당 게시글을 올린 사용자에 대해선 이용 제한 기준을 더 엄격히 적용하고 있습니다. 이용 제한 조치를 반복해서 받은 사용자는 영구적인 이용 제한 조치를 받을 수도 있습니다.

블라인드?

블라인드 앱은 2013년 서비스를 시작한 한국의 대표적인 직장인 익명 커뮤니티 서비스입니다. 서비스 오픈 초기에는 기업 구성원들 간 소통이 주된 기능이었다면 현재는 소속 기업과 관계없이 모든 직장인들이 자유 주제로 소통할 수 있는 토픽 채널이 활성화되어 직장인 종합 커뮤니티로 성장하고 있습니다. 기업의 평판 관리 관점에서 이 서비스가 주목 받기 시작한 계기는 2014년 12월, 대한항공 땅콩 회항 사건 때문입니다. 당시 블라인드 앱을 통해 내부고발로 시작된 해당 이슈는 대중들에게 큰 주목을 받았고 이후 익명성이 보장된다는 강력한 신뢰감 하에 기업 구성원들의 자유로운 익명 소통 창구를 넘어 내부고발 창구로 인식되기 시작했습니다.

CHAPTER 1. CASE STUDY- 기업

CASE 15   직원의 일탈 관련 회사 입장 표명

Legal guide

☐ 근로기준법

Question

이미 퇴사한 직원이 직속 상사의 괴롭힘을 고발하면서 기업명도 드러나게 됐습니다. 개인이 못되게 굴어서 이러한 일이 발생한 것인데, 기업에서 대응해야 하는건지 의문스럽습니다.

> **"만약 직장 내 괴롭힘 금지에 해당하거나 사회 통념상 부정적으로 인식될 수 있는 구성원 일탈이 확인된다면 빠르고 신속하게 회사가 할 수 있는 조치를 취해야 합니다."**

직장 내 괴롭힘 금지법 이슈 확인

우선 이슈의 성격과 경중을 보고 판단할 필요가 있습니다. 만일 사실 확인 결과 회사와 연관성이 전혀 없는 사적 공간의 이슈이고 회사 차원의 입장 표명이 오히려 사안의 핵심을 벗어나 또 다른 논란을 일으키는 상황이라면 행위 당사자와 회사와는 별개의 문제로 구분할 수 있습니다. 하지만 최근 법으로 근로자를 보호하고 있는 직장 내 괴롭힘 금지에 해당하거나 사회 통념상 부정적으로 인식될 수 있는 구성원 일탈이 확인된 다면 빠르고 신속하게 회사가 할 수 있는 조치를 취해야 합니다.

이때 중요한 것은 핵심 이해관계자가 외부가 아닌 우리 내부 구성원이어야 한다는 것입니다. 근래 유명 배달 플랫폼 기업에서 한 임원이 구성원을 대상으로 폭언 및 지역 비하 발언을 해 직장 내 괴롭힘 이슈가 발생했을 때 해당 기업 대표는 가장 먼저 사실관계를 확인한 후 전 직원을 대상으로 사과문을 발송했습니다. 이 사과문의 핵심은 "회사는 본건의 의미를 진지하고 중요하게 받아들이며 회사를 대표해 진심으로 미안한 마음을 전한다."였는데, 직장 내 괴롭힘으로 발생한 이슈에 대해 내부 구성원을 가장 먼저 고려한 회사의 입장이었습니다. 더불어 "자사는 이번 일을 계기로 그 동안 소홀하거나 미흡했던 조직문화 전반에 대해 적극적으로 재점검해 나갈 계획"임을 밝혔는데 이처럼 직장 내 괴롭힘의 경우 개인 일탈의 범주에서 벗어나 내부 구조적 문제가 있는지 면밀한 검토가 함께 진행되어야 합니다.

기업 원칙 바탕으로 대응해야

이른바 '구성원 일탈' 이슈의 경우 기업 입장에서 교과서적인 대응은 '회사와 빠르게 분리하라'입니다. 일탈 행위를 한 구성원이 잘못한 사안이라면 회사 차원에서 합당한 책임을 묻고 또 다른 회사 구성원을 위해 회사와 분리해야 한다는 이야기입니다. 그런데 그 근거는 일반적인 법규나 대중의 공분이 아닌, 우리 기업의 원칙이어야 합니다. 2022년 6월, 세계적인 투자은행(IB)의 임원이 미국 뉴욕의 코리아타운에서 화장실 사용 문제로 난동을 부렸다가 해당 기업으로부터 해고됐던 사례가 있었습니다. 이 당시 회사는 해당 임원의 해고를 알리는 성명을 통해 "우리는 어떤 종류의 차별이나 폭력도 용인하지 않는 정책을 고수하고 있다"라고 밝혔습니다. 구성원 일탈에 책임을 물을 때 우리 기업의 원칙에 반했다는 것을 강조하고 있습니다. 그래야 해당 기업은 외부 반응에 따라 움직이는 것이 아니라 우리 원칙이 있고 그 원칙 아래에 관리되고 있다는 점을 강조할 수 있습니다.

기업 구성원 일탈 행위가 발생하면 그 피해가 나에게도 발생할 수 있다는 공분과 불안감이 온라인에서 표출되고 부정적 여론이 급격히 확산합니다. 이제 나의 언행은 개인을 넘어 소속된 기업에도 영향을 미칠 수 있다는 것을 반드시 인지해야하며 예방 차원에서 사전 교육 및 내부 원칙을 보완할 필요가 있습니다.

CHAPTER 1. CASE STUDY - 기업

CASE 16 언론사 기사 삭제

Legal guide

☐ 언론중재법
☐ 정보통신망법
☐ 명예훼손죄
☐ 모욕죄

Question 회장님과 사장님 형제간에 그룹 경영권 갈등이 있습니다. 갈등이 심해지다 보니 주주총회에서 몸싸움이 있었고, 마치 회장님이 용역을 불러 사장님 측 사람들을 제압한 것처럼 기사가 나왔습니다. 내용을 살펴보니 사장님 측이 취재원인 것이 확실합니다. 회장님이 노발대발해서 기사를 삭제하라고 하시는데, 안 된다고 해도 본인이 삭제한 사례를 여럿 안다고 더 화를 내십니다.

> **언론사에 개별 접촉해 명백한 오류를 충분히 설명하는 경우 간혹 삭제가 이루어지기도 하지만, 법적 절차를 통해 기사를 아예 삭제하기는 쉽지 않습니다. 나아가 돈을 주고 기사를 삭제할 수 있다는 생각은 잘못된 것입니다.**

오류 수정·삭제가 일반적

결론부터 말하면, 기사 삭제는 미션 임파서블입니다. 언론 보도 이후 보도 대상자가 기자 및 언론사와 협의해 기사가 삭제되는 일이 간혹 있습니다. 그러나 이러한 경우는 중요한 사실관계에 명백한 오류가 있다는 점이 발견되었다는 등 특별한 사정이 있을 때입니다.

홍보담당자가 기사를 삭제하라며 막무가내인 회장님에게 위와 같이 설명하면, 회장님은 "아니 우리 기사도 중요한 사실관계에 명백한 오류가 있잖아."라고 반박하실 겁니다.

그러나 기자들도 여러 경로로 취재를 거쳐 논지를 갖추고 보도하는 만큼, 보도 대상자가 착오나 실수로 인한 오류를 명백히 제시하지 않는 한 협의를 통해 기사를 내리기란 쉽지 않습니다. 설령 사실과 전혀 다른 내용이거나, 오류가 있다는 것이 발견되더라도 그것이 기사 전체를 내릴 정도가 아니라면 해당 부분의 수정, 삭제만 이루어지는 것이 일반적입니다.

사이비 언론사와 구분해야

기업의 약점을 잡아, 부정적인 기사를 보도하겠다고 하거나 보도한 후 기사를 삭제해주겠다며 광고나 협찬을 요구하는 때도 있습니다. 수사기관은 오래 전부터 이들을 '사이비 언론'으로 규정해 공갈죄로 적발해 왔습니다. 현재도 사이비 언론사의 행태는 근절되지 않았습니다. 그러나 사이비 언론사의 요구를 들어주고 기사를 삭제한 경험을 기초로, 돈을 주면 언론사 기사 삭제가 가능하다고 믿는 것은 위험합니다.

허위 사실이 유포될 때 피해의 확대를 막기 위해 '기사를 삭제하라'는 내용으로 허위 사실 유포금지 가처분을 신청하기도 합니다.(122-123p → 챕터 3, '허위사실 유포금지 가처분'을 함께 참고하면 좋습니다.) 그러나 사이비 언론사의 기사처럼 막연한 추측으로 근거 없이 기사를 썼다는 점이 명확하거나 심각한 사생활 침해가 발생하지 않는 이상, 보통 정론지라고 하는 언론사의 기사에 대해 허위 사실 유포금지 가처분 결정이 내려지는 일은 극히 드뭅니다.

보도 이전에 회사로 취재 요청이 들어오는 경우라면 회사는 기자에게 정확한 정보를 제공하고 섣부른 보도가 회사에 미칠 수 있는 영향을 충분히 설명해야 합니다. (74-75p → CASE 23 '언론사 취재 요청 대응 가이드 I'을 함께 참고하면 좋습니다.) 그런데도 보도가 이루어진 경우 기자는 취재를 하고 보도 대상자의 입장까지 들었음에도 자신의 판단에 확신이 생겼기 때문에 기사를 쓰기로 한 것입니다. 이때 기사 삭제만을 목표로 설정하고 전략을 짜게 될 경우 불필요한 시간과 노력을 허비하게 될 수 있습니다.

Lawyer's Advice

해당 기사에 대한 회사의 입장을 정리해 이를 대중에게 효과적으로 전달하고, 기사 내용 중 정정하거나 반론할 수 있는 부분을 찾아 언론사에 정정 또는 반론을 요청하면서 해당 기사로 인해 발생할 수 있는 부정적 여파를 최소화하는 것이 현실적인 접근입니다.

CHAPTER 1. CASE STUDY - 기업

CASE 17 언론사의 잘못된 보도 양산

Legal guide
- ☑ 언론중재법
- ☑ 정보통신망법
- ☑ 명예훼손죄
- ☑ 모욕죄

Question 한 독립 언론사 A에서 우리 회사가 하청업체를 상대로 갑질을 하고 있다며 단독 보도했습니다. 해당 언론사 A의 기사에 대해서는 즉각 언론조정으로 정정보도를 신청했습니다. 일간지들은 관련 보도를 하지 않고 있는데, 몇몇 인터넷 신문사들이 제목만 바꾸어 최초 보도를 복사하거나 인용해 기사를 양산하고 있습니다. A 언론사가 그런 보도를 한 것 자체는 사실인데, 법적 대응이 가능한가요?

> **해당 인터넷 신문사가 취재를 통해 A 언론사 기사의 진실 여부를 확인하지 않았다면, 원래의 잘못된 보도를 한 언론사와 마찬가지의 책임을 부담한다고 보는 것이 타당합니다.**

명예훼손죄 성립

특정 언론사에서 단독 기사를 보도하면 타 언론사들은 추가 취재하기에 앞서 "타 언론사에서 이런 기사를 보도했다"라는 후속 보도를 내는 경우가 많아졌습니다. 보도 내용이 소문이나 제3자의 말, 그리고 보도를 인용하는 방법으로 표현되더라도, 그 표현 전체의 취지로 보아 그 사실이 존재할 수 있다는 것을 암시하는 이상 '사실의 적시'가 있는 것으로 보아야 한다는 것이 대법원의 일관된 판례 태도입니다(대법원 2008. 11. 27. 선고 2007도5312 판결). 만약 "A라는 여성 연예인에게 스폰서가 있다는 소문이 있다더라"는 말을 누군가가 했고, 실제 그러한 소문이 존재하는 것은 사실이더라도 그 소문의 내용이 허위라면 A에 대한 허위 사실 적시 명예훼손죄가 성립합니다.

원 기사의 뒤에 숨어 자신의 보도 책임을 덜기 위해 "의혹이 있다", "주장이 있었다", "진실은 아직 알 수 없다"는 식의 문장을 덧붙이거나 "그것이 사실이라면"이라는 가정적인 표현을 하더라도, 전체 취지로 보아 사실의 존재를 암시하는 이상 그 책임에는 영향이 없습니다.

또한, 명예훼손죄가 성립하기 위해서는 반드시 숨겨진 사실을 적발하는 행위 만에 한하지 아니하고 이미 사회의 일부에 잘 알려진 사실이라고 하더라도 이를 적시해 사람의 사회적 평가를 저하할 만한 행위를 한 때에는 명예훼손죄를 구성한다는 것이 법원의 일관된 태도입니다(대법원 1994. 4. 12. 선고 93도3535 판결).

아직 확립된 판례 태도는 없어

그렇다면 원래의 질문으로 돌아와, 언론사가 타 언론사의 잘못된 보도를 인용하면 그에 관한 책임을 부담하게 될까요? 대법원은 일간 신문사가 다른 언론매체의 보도 내용을 '마치 직접 취재한 것처럼' 기사를 작성하면서, 그 기사 내용의 진위를 확인하기 위해 노력도 하지 아니한 채 기사를 작성한 경우, 그 기사의 내용이 진실이라고 믿은 데에 상당한 이유가 있었다고 보기 어렵다는 이유로, 불법행위의 성립을 부정한 원심판결을 파기한 바 있습니다(대법원 1996. 5. 28. 선고 94다33828 판결).

언론사가 타 언론사의 보도 사실이라는 것을 출처를 명시해 인용한 경우에도 위 판시사항이 동일하게 적용될 것인지에 관해서는 아직 확립된 판례는 없습니다. 그러나 인터넷 신문사들이 단순히 클릭을 유도해 이익을 얻기 위해 추가적인 취재 없이 같은 기사를 반복적으로 양산하는 행위는, '그러한 보도가 존재한다'는 것을 넘어 실제 그 보도 내용과 같은 사실이 존재할 수 있다고 암시하는 것으로 보아야 합니다.

그러한 반복적인 보도로 원래의 잘못된 기사가 가지는 사회적 영향력과 파급효과가 강화되었을 것이고, 추가 취재로 진실 여부를 확인하지 않은 이상 원 기사 내용을 진실이라고 믿은 데에 상당한 이유도 없습니다. 따라서 원래의 잘못된 보도를 한 언론사와 마찬가지의 책임을 부담하므로, 해당 인터넷 신문사들에 대해서도 법적 조치를 취할 수 있다고 판단됩니다.

CHAPTER 1. CASE STUDY- 기업

CASE 18   기업 대표의 부정 이슈

Legal guide

☐ 명예훼손죄
☐ 모욕죄

Question   대표님과 주요 경영진의 비도덕적 행위가 언론에 보도되고 고객들의 비난이 쏟아지고 있습니다. 기업과 상관없는 개인적 실수인데 고객들에게 어떻게 대응해야 할지 막막합니다.

> **"VIP의 위기관리는 매우 까다로운 케이스 중 하나입니다. 가장 좋은 방법으로는 VIP가 위기관리 실무그룹에 정보를 상세히 제공해 주고 해당 위기관리의 결정권을 객관적인 제3자에게 맡기는 것입니다."**

누드 커뮤니케이션 시대 이해

돌이켜보면 대기업 대표나 임원의 부정적 행동이 거대한 그룹 전체의 이슈가 되었던 사례들은 우리 기억 속에 뚜렷이 남아있습니다. 이제 고객과 대중들은 기업 조직 내 한 사람의 행동과 기업 그 자체를 동일한 존재로 보는 것에 익숙합니다. 대중들이 더 나아가, 자신들도 동일한 피해를 입을 수 있다고 느끼면 일종의 연대의식이 발현됩니다. 그래서 온라인을 통해 감정적 공분과 불안감이 쉽게 표출되고 부정적 여론이 급격히 확산합니다. 따라서 기업대표와 임원들은 공적인 책임감을 가지고 더욱 언행에 유의해야 합니다. 현재 디지털 커뮤니케이션 환경이 기업에 주는 기회 요소와 위험 요소의 핵심은 '완전히 오픈된 커뮤니케이션 환경'입니다. 이 환경을 통해 긍정 이슈를 확산시키는 긍정 평판 활동이 더 원활해졌지만, 부정 이슈도 쉽게 확산하기에 기업의 입장에서 부정 이슈 관리가 더 필요하게 되었습니다. 이를 '누드 커뮤니케이션' 시대라고 명명하기도 합니다. 이제 오프라인과 온라인 속 언행들이 흘러가고 잊히는 과거가 아니라 타인의 스마트폰과 블랙박스, CCTV 등을 통해 디지털화되어 온라인과 SNS로 되살아나는 현재가 되고 있기 때문입니다. 기업 경영진들은 모든 언행이 고객과 이해관계자, 미디어를 통해 오픈될 수 있음을 인지해 커뮤니케이션 민감성을 더 강화해야 합니다.

까다로운 VIP 위기관리

종종 '위기관리 3대 불치병'이라고 일컫는 이슈가 있습니다. 대표적으로 VIP(회사 대표) 이슈, (반사회적) 법적 이슈, 내부고발자(공익제보자) 이슈입니다. 위기관리가 어렵기 때문에 때론 비난받더라도 메신저를 공격하는 선택을 하거나 사소취대 전략을 쓰는 경향이 많습니다. 특히 'VIP 위기관리'라고 일컫는 기업 대표 위기관리는 실패할 수밖에 없는 여러 가지 요소를 가지고 있습니다. 우선 해당 VIP가 위기관리를 위한 정보를 위기관리 실무그룹에 공유하지 않습니다. 이때 나서서 "어떤 이유로 그러셨어요?"라고 묻는 강심장도 없지만 그런 권한도 상황도 제공되지 않습니다. 더불어 위기가 촉발되었을 때 VIP는 위기관리 대상임과 동시에 위기관리 결정권자여서 대중들의 눈높이에 맞는 결과가 나오기 힘듭니다.

"이렇게 할 수밖에 없나?"라는 결과는 그래서 필연적입니다. 뒤집어 생각해 보면 이슈의 원점인 VIP가 위기관리 실무그룹에 정보를 상세히 제공해 주고 해당 위기관리의 결정권을 객관적인 제3자에게 맡기면 VIP 위기관리는 성공할 가능성이 있습니다.

유의해야 할 위기관리 이슈: VIP (회사 대표) 이슈, (반사회적) 법적 이슈, 내부고발자(공익제보자) 이슈

CHAPTER 1. CASE STUDY- 기업

CASE 19 유튜브 영상 삭제

Legal guide

- [ ] 정보통신망법
- [ ] 명예훼손죄
- [ ] 모욕죄

Question 누군가 유튜브에 저희 회사에 치명적인 영향을 미치는 동영상을 올렸습니다. 이 영상을 삭제할 수 있는 방법과 이러한 경우의 위기관리법이 궁금합니다.

> **유튜브 영상은 자동 삭제, 사용자 신고에 따른 유튜브 관리자에 의한 삭제, 사용자의 계정 폐쇄에 의한 삭제, 해당 영상을 업로드한 사용자에 의한 직접 삭제가 있습니다.**

유튜브 영상 삭제 방식과 기준

구글 투명성 보고서에 따르면 신고를 근거로 유튜브 관리자가 한 삭제보다 유튜브 인공지능 기반 봇이 가이드라인 위반을 식별해 자동 삭제한 건이 훨씬 많은 것으로 알려져 있습니다. 하루하루 올라오는 유튜브 영상의 개수가 너무 많기 때문에 많은 부분이 인공지능 기술에 의해 자동 삭제되고 있습니다. 유튜브의 자동 삭제 이유를 분석해 보면 대부분 아동 보호, 과도한 노출 또는 성적인 콘텐츠, 폭력적 또는 노골적 콘텐츠, 스팸·현혹성 콘텐츠 및 사기, 유해하거나 위험한 콘텐츠 등을 이유로 영상이 삭제됩니다. 만약 이 기준에 부합하지 않아 자동 삭제되지 않았다면 게시자에게 삭제를 요청하거나 신고를 통해 삭제를 진행할 수 있습니다.

유튜브 콘텐츠 신고 방법

유튜브 앱의 경우 일반적인 콘텐츠 신고는 신고할 동영상을 클릭해 나타나는 우측 상단 설정(톱니바퀴 아이콘)을 클릭, 신고로 이동, 신고 이유를 선택하고 신고를 클릭하면 완료됩니다. PC의 경우 해당 신고할 동영상 하단 ⋯ 표기를 클릭한 후 신고로 이동, 신고 이유를 선택하고 신고를 클릭하면 완료됩니다. 기본 신고 절차로 문제를 정확히 설명하기 어려운 경우 법적 문제 신고를 이용할 수 있습니다. 첫 과정은 일반 신고와 똑같은데 신고 이유를 선택할 때 권리 침해를 클릭한 후 드롭다운 메뉴에서 관련 문제를 선택하거나 해당하는 문제가 없다면 기타 법적 문제를 클릭한 후 세부 양식을 작성해서 제출하면 신고가 접수됩니다.

유튜브 동영상 삭제의 경우 실제 삭제될 때까지 시간이 많이 소요되거나 신고 접수 후 과정에 대한 유튜브 측의 별도 통보가 없고, 신고하더라도 삭제되지 않는 경우들이 많습니다. 따라서 좀 더 현실적인 방안으로 합리적 설득과 협의 혹은 법적 절차를 밟으면서 게시자에게 삭제를 요청하거나 다른 채널을 통해 해당 영상에 대한 부적절성과 자신의 입장을 표명하는 이슈 관리 전략을 선택할 수 있습니다.

유튜브 동영상의 삭제 방식

① 부적절한 콘텐츠 관리를 위해 작동되는 인공지능 기반 유튜브 콘텐츠 관리 봇에 의한 자동 삭제

② 사용자 신고에 따라 유튜브 커뮤니티 가이드 및 저작권을 위반했다 판단되었을 때 유튜브 관리자에 의한 삭제
- 통상적으로 "YouTube 서비스 약관을 위반해 삭제된 동영상입니다."라는 메시지 표기

③ 해당 영상을 업로드 한 사용자의 계정 폐쇄에 의한 삭제
- "업로드 한 사용자가 YouTube 계정을 폐쇄해 더 이상 볼 수 없는 동영상입니다."라는 메시지 표기

④ 해당 영상을 업로드 한 사용자에 의한 직접 삭제
- "사용자가 삭제한 동영상입니다."라는 메시지 표기

CHAPTER 1. CASE STUDY- 기업

CASE 20 기업의 사과 타이밍

Legal guide

☐ 명예훼손죄

Question

홍보담당자로 일하면서 기업의 잘못에 관해 신속하고 정확하게 사과하라는 글을 자주 보았습니다. 그런데 법무팀에서는 회사 잘못이 없는데 도의적 차원에서라도 사과하면 이후 재판에서 불리할 수 있다며, 사과에 반대합니다. 어떻게 해야 할까요?

> **" 회사의 책임을 인정하고 사과해 부정적인 여론을 빠르게 가라앉혀야 하는 필요성과 그러한 입장 표명이 이후 소송에서 어떻게 영향을 미칠지를 검토하고 비교 형량해 경영상의 결단을 내려야 합니다. "**

책임에 대한 인정·사과가 유리

회사가 어떤 사건, 사고, 제품결함 등에 대해 자신의 잘못을 인정한 경우에는 소송 절차 전에 피해자와 협의로 문제를 해결하는 일이 많습니다. 협의가 되지 않았다 하더라도, 회사가 잘못을 인정한 이상 이후 진행되는 소송 절차에서 그 태도를 전적으로 번복하기는 어렵습니다. 소송 절차에서도 회사 스스로 잘못을 인정하면 당연히 그에 대한 책임을 부담하는 결과가 뒤따르게 됩니다. 그러나 그것이 잘못을 인정하지 않았을 때에 비해 더 불리한 결과라고 볼 수는 없습니다. 사실관계를 숨기거나 침묵하거나 허위 주장을 하게 되면 오히려 회사의 대외적인 이미지를 망칠 뿐 아니라, 소송에서도 재판부에 부정적인 인상을 남겨서 불리한 판결을 받을 수 있기 때문입니다.

2022년 여름 스타벅스코리아가 MD로 제공한 캐리백에서 폼알데하이드가 검출되었다는 문제 제기에 대해 사실관계 확인과 대응을 하지 않다가 뒤늦게 잘못을 인정하고 사과와 함께 리콜 정책을 발표했습니다. 그러나 스타벅스가 오랫동안 쌓아온 소비자들의 신뢰는 크게 훼손되었고 시민단체 고발까지 이어졌습니다. 고객정보 유출이나 산업현장에서의 화재, 폭발로 인한 인명사고처럼 사고의 존재가 외관상 명백하고, 그러한 사고가 회사의 지배 영역 내에서 발생했기 때문에 회사의 관리, 감독 책임을 피할 수 없는 경우라면 회사의 '책임'에 관한 인정과 사과를 하는 편이 은폐와 사건 축소, 거짓말보다는 훨씬 나은 전략입니다. 그렇다면 왜 많은 회사가 피해자의 문제 제기에 대해 쉽게 잘못을 인정하지 않는 것일까요? 회사로서 실체적 진실을 알지 못하는 상태에서 섣부르게 사실관계나 책임을 인정할 경우, 이후 그와 다른 정보와 자료가 밝혀지더라도, 번복이 어렵기 때문입니다. 또 일부 사실을 번복하면 다른 주장까지도 신빙성을 잃을 수 있습니다.

정보의 한계가 걸림돌되기도

그리고 사건 초기 단계에서 회사가 모든 실체적인 진실을 정확하게 파악하기도 쉽지 않습니다. 사건 관계자의 진술이 있다고 하더라도, 일방의 주장만 가지고는 진위여부를 판단하기 어렵습니다. 수사기관이나 법원조차도 관련자들의 진술만을 보고 누가 거짓말을 하는지 판단이 어려울 때가 많은데, 이해당사자의 진술이 엇갈리는 경우에는 회사가 진위 여부를 파악하기 어렵습니다. 이러한 경우에는 사건의 진상을 규명하는데 우선 최선을 다하고, 책임 소재가 분명해진 후에 사과를 하면 됩니다. 부정적인 이슈에 대해 잘못을 인정하는 회사가 드문 이유는, 이와 같이 회사가 수집할 수 있는 정보량의 한계와 출처의 불균형이 있기 때문입니다.

Lawyer's Advice

많은 조직이 구성원들에게 '빠르고 정확하게' 일할 것을 요구합니다. 그러나 속도와 정확성을 동시에 담보하라는 것은 어디까지나 지향점이지, 결과물이 되기 어렵습니다. 회사는 대중을 상대로 부정적인 이슈에 관해 '인지했고 조사하고 대처할 것이다'라는 즉각적인 반응을 보여야 하지만, 회사 또는 회사의 임직원에게 법적 책임이 발생할 수 있는 사실관계에 대해 인정하고 공표할 때는 늘 신중해야 합니다.

CHAPTER 1. CASE STUDY- 기업

CASE 21 1인 시위 대응 방법

Legal guide

- ☑ 명예훼손죄
- ☑ 모욕죄
- ☑ 업무방해죄

Question 하도급업체가 현수막에 담당자인 제 얼굴을 넣고 제 이름을 거론하며 조롱하는 말을 적어서 대로변에 걸어놓고, 피켓에는 우리 회사와 담당자인 제가 부당하게 계약을 해지하며 갑질을 했다고 적어놓았습니다. 1인 시위는 집회가 아니라 경찰에서는 막을 수 없다고 하는데 정말 방법이 없나요?

> **"1인 시위 행위 자체를 막을 수는 없습니다.
> 그러나 그 과정에서 허위 사실을 유포한다면
> 그에 관해서는 대응이 가능합니다."**

1인 시위 막을 수는 없어

1인 시위는 원칙적으로 표현의 자유에 의해 보장됩니다. 다만 최근 하급심 판결은 확성기를 이용해 욕설과 비속어를 섞어 시청 공무원들을 비난하며 1년 넘게 1인 시위를 벌인 민원인에 대해 접근금지가처분 결정을 인용한 바 있습니다. 이와 같이 표현의 자유의 한계를 넘어선 1인 시위에 대하여는 일정한 제한이 가능하나, 일반적으로는 1인 시위를 제한하거나 금지하기는 어렵습니다.

피켓에 기재된 사실이 허위라면 명예훼손죄 및 업무방해죄에 해당합니다. 이러한 행위에 대해 형사고소 및 민사상 손해배상청구를 할 수 있습니다. 형사고소와 손해배상청구는 허위사실 적시로 인한 피해를 중단시키지는 못하고 사후적으로 처벌하거나 금전적 배상을 받는 것이기 때문에, 허위 사실 유포금지 가처분을 신청하는 것도 고려해 볼 수 있습니다. 이 때 유의할 것은 허위 사실 유포금지 가처분 결정이 내려지더라도 허위 사실의 적시가 없도록 피켓 내용을 변경하면 되기 때문에 1인 시위라는 행위 자체를 아예 막을 수는 없습니다.

보통 피켓에는 구체적 사실이 적시되어 있기보다는 '물러나라', '해결하라', '부당하다', '억울하다'와 같이 간단한 주장이 기재된 경우가 많습니다. 구체적 사실이 적시되어 있지 않다면 모욕죄가 성립하는지를 검토해 보아야 합니다. 간혹 피켓에는 인신공격적 발언이 기재되기도 하지만 그 대상자가 공적 인물이라면 강도 높은 비판이 정당화되기 때문에 모욕죄가 인정되기 어렵습니다.

이와 관련해 지방 신문이 모 시의원에 대해 "다수의 주민을 고소, 고발한 파렴치한 인간이다", "정신적으로 문제가 있는 것 아니냐는 합리적 의심이 든다"는 시민의 말을 인용해 보도한 사안에서, 해당 시의원은 이것이 '모욕'이라고 주장했지만, 법원은 이를 받아들이지 않았습니다.

간혹 피켓에 회사 대표이사나 관련자들의 사진을 포함하는 경우가 있습니다. 이때는 초상권 침해를 주장해 볼 수 있겠습니다.

기업인은 공적 인물일까요?

법원은 국내 유무선 통신과 인터넷 등 기간통신사업을 하는 KT 회장, 한국산업은행과 한국자산관리공사가 50% 이상의 주식을 보유하는 기업의 대표이사는 공인으로 보았습니다. 공적 자금이 투입된 기업이 아니더라도 대통령의 조카사위로 세인의 관심을 받은 주식회사의 대표이사, 대규모 치과병원 네트워크의 대표원장이며 여러 이슈로 언론보도가 이루어진 치과 원장, 국민적 관심이 집중된 사건에서 로비 의혹으로 수사가 진행 중인 기업의 대표이사와 같이 언론에서 지속해서 보도가 이루어진 인물은 그만큼 사회적 영향력이 크다고 보아 공인으로 판단했습니다. 반면 횡령, 배임 의혹을 받더라도 연 매출액 5억원 미만인 회사의 대표이사, 자본금 10억원 규모의 IT 회사의 대표이사 등과 같이 직업이 기업인에 불과한 경우에는 공인으로 보지 않았습니다.

CHAPTER 1. CASE STUDY- 기업

CASE 22 포털사이트 특정 콘텐츠 검색 제한

Legal guide

☑ 정보통신망법

Question 중견 규모의 쇼핑몰을 운영하고 있는데 포털사이트에 저희 쇼핑몰을 검색하면 저희 이미지와 맞지 않는 콘텐츠와 기사가 눈에 띕니다. 어떤 조치를 취할 수 있을까요?

> **기사의 경우 언론사나 해당 기사를 작성한 기자에게 직접 연락해 볼 수 있습니다. 사용자가 제작한 콘텐츠라면 포털사이트로 직접 연락해 대응해 볼 수 있습니다.**

News와 UCC의 개념

포털사이트 콘텐츠는 크게 두 가지로 분류할 수 있습니다. 하나는 언론사들이 생산하는 News와 또 하나는 사용자들이 직접 제작하는 UCC(user created contents)입니다. 이 두 콘텐츠는 법 적용에서도 차이가 있는데 News는 언론중재 및 피해구제 등에 관한 법률(이하 언론중재법)에 따라 관리되며 UCC는 정보통신망 이용촉진 및 정보보호 등에 관한 법률(이하 정보통신망법)에 따라 관리됩니다.

결론부터 말하자면 언론중재법에서 포털사이트는 인터넷 신문 사업자가 아니라 인터넷 뉴스 사업자로서 언론에 준하는 책임을 지고 있지만 기사 수정·삭제는 기사를 제공한 언론사로부터 요청이 있을 때만 할 수 있습니다. 이는 언론사의 저작권 보호를 위한 조치로 포털사이트가 임의로 할 수 없습니다. 만약 포털사이트에 검색되고 있는 기사 자체에 대한 수정·삭제 요청이 필요하다면 저작권자인 언론사나 해당 기자에게 직접 요청해야 합니다. 만약 해당 언론사나 기자가 수정·삭제 요청에 동의하지 않는다면 언론중재위원회 신청을 통한 반론 보도 청구 또는 정정보도 청구를 진행할 수 있습니다.

UCC는 능동적 대응 가능

이에 반해 포털사이트 내 News를 제외한 거의 모든 콘텐츠는 UCC에 해당되는데, UCC는 정보통신망법에 따라 사용자가 명예훼손 등 권리침해를 당했다고 포털사이트에 신고하면 해당 포털사이트 담당자는 규정과 절차에 따라 게시 중단(숨김 처리)을 할 수 있습니다. 근거 없는 비방이나 루머가 포털사이트 기사 댓글, 지식인, 블로그, 카페 등을 통해 생산되고 확산한다면 기업의 평판 관리를 위해 보다 능동적인 대응이 가능합니다. 포털사이트 게시 중단은 임시로 검색되지 않도록 게시물의 게시를 중단하는 것입니다. 그 때문에 게시자가 이의 제기를 하면 복원될 수 있습니다.

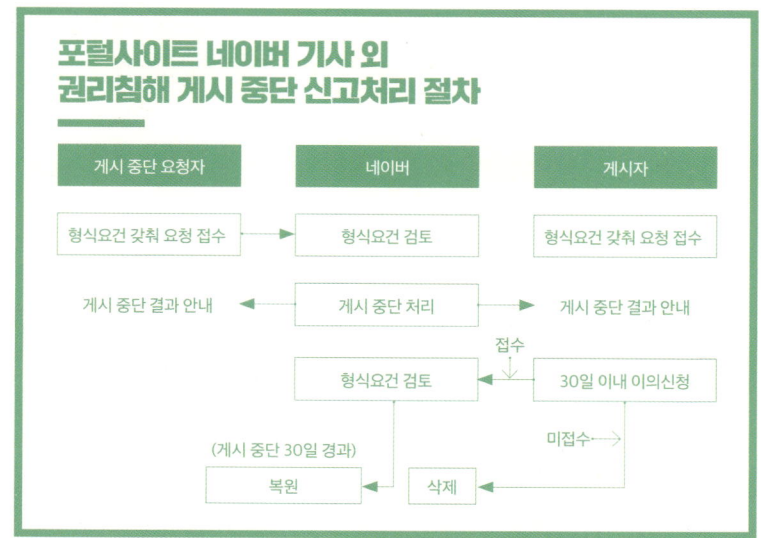

CHAPTER 1. CASE STUDY - 기업

CASE 23　언론사 취재 요청 대응 가이드 I

Legal guide

☐ 명예훼손죄
☐ 언론중재법

Question　기업 홍보팀에 근무하고 있는데, 얼마 전 저희 회사에서 제작하는 제품에 유해 성분이 포함되었다는 클레임이 들어와 사실 관계를 확인 중입니다. 그런데 언론사 기자가 어떻게 알았는지 연락을 취해왔습니다. 뭐부터 시작해야 할지 막막합니다.

> **큰 틀만 가이드하자면, 상황 파악 후 취재에 필요한 사항을 정리해 대외적으로 발표할 내부 입장을 결정합니다. 예상 질의응답을 훈련한 후 취재에 협조하고 추가 자료를 제공하는 순으로 준비하세요.**

언론 취재 프로세스의 이해

우리는 커뮤니케이션을 특별히 배우지 않아도 문제없이 생활합니다. 하지만 기업의 입장에서 언론과 커뮤니케이션하는 법은 교육을 받아야 할 수 있는 분야입니다. 더불어 언론에 대해 이해가 낮은 구성원이 함부로 커뮤니케이션하게 되면 문제가 더 악화하거나 더 커지는 경우들이 비일비재합니다. 이에 반해 기자는 훈련 받은 전문가입니다. 취재 전문가이자 질문하는 전문가입니다. 따라서 우선 기본적인 언론 취재 프로세스와 기자에 대한 이해가 필요합니다.

취재 요청이 들어왔을 시 가장 처음으로 해야 하는 것은 해당 이슈에 대한 상황 파악이며, 이 상황 파악에서 가장 중요한 것은 사실관계 확인입니다. 사실관계 확인은 취재 요청 이슈에 대해 빠르게 정확한 정보를 수집하고 확인하는 것을 의미합니다.

두 번째는 취재 요청을 한 언론과 해당 기자(방송 프로그램이라면 PD나 작가)가 누구이며, 해당 언론이 이번 이슈에 대해 어떤 입장인지, 그리고 우리가 어떤 형식으로 취재에 협조해야 하는지를 확인해야 합니다.

팩트 시트와 예상 질의응답 팩 준비

세 번째, 해당 이슈에 대해 취합된 정보와 확인된 사실관계를 바탕으로 어떤 포지션으로 어떤 커뮤니케이션을 할 것인지 결정하고 준비합니다. 이 과정에서 사실관계를 최종 정리한 팩트 시트(Fact Sheet)와 우리의 핵심 메시지가 포함된 기자 취재 과정에서 예상되는 질문과 그에 대한 답변을 미리 정리한 예상 질의응답 팩, 그리고 취재 요청한 언론에 제공할 수 있는 우리 주장의 근거와 인증할 수 있는 자료까지 준비되면 어느 정도 언론 취재 준비가 끝났다고 볼 수 있습니다.

네 번째, 언론의 요청 또는 협의 결과에 따른 커뮤니케이션 방식을 결정하고 진행합니다. 그리고 다섯 번째, 언론 취재에 협조하고 언론과 커뮤니케이션을 한 후 필요에 따라 우리 입장과 주장을 입증하거나 보완할 수 있는 추가 자료를 언론에 제공합니다. 해당 이슈에 대한 기사가 보도되는 예상 일자를 확인하고 기사 보도 시점에서 기사 내용을 정확히 확인합니다. 만약 사실과 다른 내용이 보도된다면 해당 기자에게 수정을 요청하거나 다른 방식으로 우리 입장을 표명할 수 있습니다.

언론 취재 준비 STEP 5

1. 우리에게 직면한 이슈의 정확한 사실관계 확인
2. 언론사와 기자 신분, 취재 방향과 요청 사항 확인
3. 우리 포지션과 핵심 메시지 결정
4. 커뮤니케이션 방식 결정 후 준비 연습 반복
5. 추가 자료 제공, 사실과 다른 기사 내용 수정 요청 등 사후관리

CHAPTER 1. CASE STUDY - 기업

CASE 24   언론사 취재 요청 대응 가이드 II

Legal guide

☐ 명예훼손죄
☐ 언론중재법

Question   온라인 커뮤니티에 저희 브랜드를 비방하는 게시글이 올라왔습니다. 게시물이 이곳저곳에 퍼지면서 언론사에서도 취재 요청 메일이 왔는데요. 어떤 방식으로 대응해야 저희 기업 이미지 타격을 최소화할 수 있을까요?

> **서면 방식으로 언론 취재에 응대하는 것이 우리 입장과 메시지를 가장 잘 통제할 수 있지만 소극적으로 임한다는 평가를 받을 수도 있습니다. 그 외 모든 방식은 상당한 연습과 준비가 필요합니다.**

이슈에 대한 상황분석이 우선

기업들이 흔히 실수하는 포인트가 있습니다. 이슈가 발생하면 '상황분석 과정'에서 이유를 찾아야 하고 커뮤니케이션 실행에서 방법을 찾아야 한다라고 강조하는데 현실에선 왕왕 거꾸로 진행됩니다. 언론 취재 요청이 들어오면 해당 이슈에 대한 빠른 상황분석을 위해 명확한 사실관계에 집중해야 함에도 오히려 대응 방법에 집중합니다. 또 상황분석과 대응 방법 결정을 완료하고 실행할 타이밍에 뒤늦게 이런 일이 일어난 이유와 책임에 대해 논쟁을 하는 비효율적인 의사 결정은 반드시 배제되어야 할 필요가 있습니다.

그리고 상황분석과 의사결정은 유관 부서 담당자들이 상호 파악할 수 있는 정보의 범위가 달라 빠르게 한자리에 모여서 상호 취합된 정보를 취합하고 통합 정리하는 것이 효과적입니다. 우리가 어떤 이슈에 당면해 있는지 사실관계를 통해 우리 내부 상황을 정확히 먼저 인지하고 취재 요청을 한 언론과 기자가 누구인지 확인하는 것, 즉 이순신 장군께서 말씀하신 지기지피(知己知彼), 자신을 먼저 아는 것이 중요합니다.

포지션·커뮤니케이션 방식 선택

제보 내용과 언론 취재 방향이 우리가 확인한 사실관계와 다르다면 내용을 교정하는 대응 포지션, 제보 내용이 대부분 사실에 부합하고 우리의 잘못과 책임이 인정된다면 사과하고 향후 개선점과 계획을 소명하는 사과 포지션, 사실관계 확인이 어렵거나 시간이 좀 더 필요하다면 홀딩 포지션, 크게 이 세 가지 포지션 중 하나를 선택하게 됩니다.

> **언론과의 커뮤니케이션 방식**
> 1. 서면
> 2. 전화
> 3. 온라인(비대면)
> 4. 방송
> 5. 기자회견

상황에 따라 언론 취재에 응하지 않는 무대응이 효과적일 수 있습니다. 하지만 언론이 취재 결과를 보도할 때 우리의 입장은 포함되지 않고 빈 공간으로 남겨지거나 제3자의 평가로 채워질 수 있는 상황을 산정해 판단해야 합니다. 또한 제품 품질 및 유해성 이슈는 언론 취재와 별개로 산업통상자원부, 식품의약품안전처, 국가기술표준원, 한국소비자원 등 중앙행정기관과 산하기관 가이드라인을 확인하고 준수해야 합니다.

언론과 커뮤니케이션하는 방식은 서면, 전화, 온라인(비대면), 방송, 기자회견 형식으로 나눌 수 있으며 서면을 제외하면 녹음, 녹화, 실시간 형태로 구분될 수 있습니다. 서면 방식으로 언론 취재에 응대하는 것이 우리 입장과 메시지를 가장 잘 통제할 수 있지만 소극적으로 임한다는 평가를 받을 수도 있습니다. 그 외 모든 방식은 적극적인 커뮤니케이션 방식으로 평가받지만, 우리 메시지를 완벽히 통제할 수 없으며 상당한 연습과 준비가 필요합니다.

CHAPTER 2

사례로 설명하는 명예훼손과 모욕의 기본개념

우리는 '명예훼손을 당했다'는 표현을 자주 사용한다. 그런데 법적으로 이 명예훼손이 성립되기 위해서는 구체적 사실의 적시, 피해자 특정성, 전파가능성, 공연성 등의 쟁점이 확인되어야 한다. 이번 챕터에서는 사례를 통해 명예훼손과 모욕, 초상권 등의 기본 이론을 Q&A를 통해 알아본다.

Understanding of defamation

POINT 1	피해자 특정성	
POINT 2	전파가능성	
POINT 3	구체적 사실의 적시	
POINT 4	진실한 사실의 적시	
POINT 5	위법성 조각	
POINT 6	사실의 적시	
POINT 7	미필적 고의	
POINT 8	공연성	
POINT 9	모욕	
POINT 10	집단표시에 의한 모욕	
POINT 11	사생활 침해	

CHAPTER 2. Q&A - 명예훼손

Q 01 남편의 외도를 직장에 알려도 될까요?

POINT KEYWORD
- 공연성
- 전파가능성
- 명예훼손죄

CASE 남편이 바람을 피워서 이혼 소송 중입니다. 남편의 뻔뻔한 행동을 직장에 알려 망신을 주고 싶은데, 그렇게 하면 제가 처벌받을까요?

'전파 가능성' 살펴야

배우자가 있는 사람이 불륜을 저질렀다는 사실은 그 사람의 사회적 평가를 훼손하는 내용입니다. 아무리 분하고 억울하더라도 남편이 바람 피운 사실을 남편의 직장에 알리게 되면, 사람의 명예를 훼손하는 행위로 인정되어서 형법상 명예훼손죄로 처벌받을 수 있습니다.

다만 배우자가 바람을 피웠다, 불륜을 저질렀다는 사실을 다른 사람에게 이야기해도, 이야기를 들은 사람이 다른 사람에게 전할 가능성이 없다면 명예훼손죄가 성립하지 않습니다. 명예훼손죄가 성립하려면 타인에게 '전파될 가능성'이 있어야 하고, '전파 가능성'이 있다면 단 한명에게만 말해도 명예훼손죄의 공연성이 인정될 수 있다는 판례도 있습니다.

비록 한 사람에게 사실을 유포했다고 하더라도 이로부터 불특정 또는 여러 사람에게 전파될 가능성이 있다면 공연성의 요건은 충족한다고 판시한 것입니다(대법원 2008. 2. 14. 선고 2007도8155 판결).

위 대법원 판례 사안에서 피고인은 개인 블로그의 비공개 대화방에서 상대방으로부터 비밀을 지키겠다는 말을 듣고 일대일로 대화했는데, 위 대화가 인터넷을 통해 일대일로 이루어졌다는 사정만으로 그 대화 상대방이 대화 내용을 불특정 또는 다수인에게 전파할 가능성도 있고, 또 상대방이 비밀을 지키겠다고 말했다고 해서 그

> **"배우자가 불륜을 저지른 사실을 그 배우자의 직장에 알리면 명예훼손죄로 처벌될 수 있습니다."**

가 당연히 대화 내용을 불특정 또는 다수인에게 전파할 가능성을 배제할 수는 없다고 보았습니다.

또 다른 사안으로 피고인의 말을 들은 사람은 한 사람씩에 불과했으나 그들은 피고인과 특별한 친분이 있는 자가 아니며, 그 범행의 내용도 지방의회 의원 선거를 앞둔 시점에 현역 시의회 의원이면서 다시 그 후보자가 되고자 하는 자를 비방한 것이어서 피고인이 적시한 사실이 전파될 가능성이 클 뿐만 아니라, 결과적으로 그 사실이 피해자에게 전파되어 피해자가 고소를 제기하기에 이른 사정 등을 참작해 볼 때, 피고인의 판시 범행은 행위 당시에 이미 공연성을 갖추었다고 본 사례도 있습니다(대법원 1996. 7. 12. 선고 96도1007 판결).

공연성 결여 사례

반면에 발언을 들은 사람과 피해자의 관계를 고려해 공연성이 없다고 판단한 사례도 있습니다. 법원은 피고인이 자기 집에서 피고인에게 따지러 온 피해자에게 "피고인 혼자 자는 방에 들어와 포옹하며 성교를 요구한 더러운 놈"이라고 말한 사실은 인정되더라도 그 자리에 피고인의 남편 외에 위와 같은 말을 들은 다른 사람이 있었음을 인정할만한 증거가 없다면 공연성이 인정되지 않는다고 했습니다(대법원 1985. 11. 26. 선고 85도2037 판결). 피고인의 남편이 이와 같은 사실을 전파하고 다닐 가능성이 없다고 본 것입니다. 이혼소송 중인 처가 남편의 친구에게 서신을 보내면서 남편의 명예를 훼손하는 문구가 기재된 서신을 동봉한 경우, 공연성이 결여되었다고 보기도 했습니다(대법원 2000. 2. 11. 선고 99도4579 판결). 피해자와 친인척 관계에 있는 사람이 들었다고 해서 무조건 공연성이 부정되는 것도 아닙니다. 피고인이 A의 집 뒷길에서 피고인의 남편 B 및 A의 친척인 C가 듣는 가운데 '저것이 징역 살다 온 전과자다' 등으로 큰 소리로 말함으로써 공연히 사실을 적시해 A의 명예를 훼손했다는 내용으로 기소된 사안에서, C가 A와 친척관계에 있다는 이유만으로 전파 가능성이 부정된다고 볼 수 없다고 한 사례가 있습니다(대법원 2020. 11. 19. 선고 2020도5813 전원합의체 판결).

CHAPTER 2. Q&A - 명예훼손

Q 02 온라인 상에서 욕을 먹었어요.

POINT KEYWORD
- 피해자 특정
- 명예훼손죄
- 모욕죄

CASE 인터넷 커뮤니티에서 어떤 아이디 사용자가 제 아이디를 지칭하며 욕설했습니다. 이럴 경우 모욕죄가 성립되는지 궁금합니다.

이니셜만으로도 피해자 특정 가능

인터넷 커뮤니티는 불특정 다수가 게시글을 볼 수 있는 공간이므로 인터넷 커뮤니티에서 명예훼손이 되는 이야기를 하거나 욕설하는 경우 명예훼손죄나 모욕죄가 성립합니다. 그런데 인터넷 커뮤니티는 실명을 사용하지 않고 주로 아이디로 소통하기 때문에 이 경우에 피해자를 특정할 수 있는지가 문제입니다.

명예훼손죄가 성립하기 위해서는 피해자가 특정된 사실의 적시가 있어야 합니다. 그렇다고 해 반드시 사람의 성명을 명시해야 하는 것은 아닙니다. 이니셜만 사용한 경우라도 피해자가 누구인지 알 수 있다면 피해자가 특정되었다고 보아 명예훼손죄가 성립합니다. '서울 ○○구 ○○동 k아파트' 또는 '서울 독립문 k아파트'라고만 표현되어 있으나, 주위 사정을 종합해 볼 때 이 ○○아파트의 주민들과 그 주변 사람들로서는 어떤 아파트를 말하는 것인지 알 수 있었고, 따라서 '서울 독립문 k아파트 입주자대표 등'이라고 표현한 것은 피해자가 특정된 것이라고 본 판례가 있습니다(대법원 2002. 5. 10 선고 2000다50213 판결).

피해자 특정과 관련해 헌법재판소는 인터넷 댓글에 의해 모욕을 당한 피해자의 인터넷 아이디만을 알 수 있을 뿐 그 밖의 주위사정을 종합해보더라도 그와 같은 인터넷 아이디를 가진 사람이 청구인이라고 알아차릴 수 없는 경우에는 외부적 명예를 보호법익

> **"인터넷 커뮤니티에서 욕설하는 것도 모욕죄가 성립됩니다. 다만 아이디로 가해자나 피해자를 특정할 수 있는지가 문제입니다."**

으로 하는 명예훼손죄 또는 모욕죄의 피해자가 청구인으로 특정된 경우로 볼 수 없으므로, 청구인에 대한 명예훼손죄 또는 모욕죄가 성립하지 않는다(헌법재판소 2008. 6. 26 자 2007헌마461 결정)고 판단했습니다.

위 헌법재판소 사안을 보면, 청구인은 인터넷 포털사이트에 뉴스 기사에 관한 네티즌 의견 게시판에 자신의 아이디를 이용해 '개인적으로는 무죄 찬성입니다.'라는 제목으로 의견을 게시했습니다. 이에 대해 성명불상의 피고소인들이 청구인의 아이디를 지칭하며 '내가 당신 부모를 강간한 다음 주○진인 척하면 무죄 판결 받아야 한다는 뜻 같습니다.'는 등의 모욕적인 감정표현을 담은 댓글을 달자 청구인은 이들을 명예훼손죄 및 모욕죄로 고소하였습니다. 헌법재판소는 청구인의 아이디만으로는 그와 같은 아이디를 가진 사람이 청구인이라고 알아차릴 수 있는 자료가 전혀 없으므로 외부적 명예를 보호법익으로 하는 명예훼손죄 또는 모욕죄의 피해자가 청구인으로 특정되었다고 볼 수 없다고 판단했습니다.

실명제가 아니어도 발언은 신중하게

그렇다고 아이디로 소통하는 경우라면 인터넷 커뮤니티에서 명예를 훼손하는 발언이나 모욕죄에 해당하는 발언을 해도 된다고 생각하면 큰일입니다. 인터넷 사이트상에서 '알거지'라는 필명을 사용하는 사람이 있었는데, 피고인이 '알거지'를 지칭해서 모욕적인 표현을 했다고 합니다. 법원은 피고인이 '알거지'라는 필명을 사용하는 사람이 63세의 피해자라는 사실을 알고 있으면서 모욕행위를 한 것은 피해자가 특정된 경우이므로 모욕죄에 해당한다고 판단했습니다(대법원 2007. 6. 28 선고 2007도3438 판결).

메신저 대화창에서 피해자를 모욕하는 내용(사장 씨발××를 ×까는 ××)으로 대화명을 설정해 놓고 메신저 대화 상대방들이 대화명을 쉽게 볼 수 있도록 한 것만으로도 공연성이 인정되고 모욕죄가 성립한다고 본 경우도 있습니다(대법원 2005. 2. 18. 선고 2004도8351 판결).

CHAPTER 2. Q&A - 명예훼손

Q 나체 딥페이크 영상 유포는 무슨 죄인가요?

POINT KEYWORD
- 디지털 성범죄
- 음란물 유포죄
- 명예훼손죄
- 성폭력처벌법

CASE 다른 사람의 나체 사진에 제 얼굴을 합성한 딥페이크 영상이 유포되었습니다. 이 경우는 무슨 죄인지 궁금합니다.

신종 디지털 성범죄

연예인 피해자의 성관계 동영상을 담은 비디오테이프가 시중에 유통되면서 동영상 파일이 인터넷을 통해 광범위하게 전파되자, 관련 내용과 비디오테이프의 한 장면이 사진으로 잡지에 게재된 사건이 있었습니다. 이 기사를 쓴 기자는 출판물에 의한 명예훼손죄를 이유로 피해자에게 정신적 손해배상을 해야 했습니다(서울지방법원 2000. 10. 11 선고 99가합109817 판결). 법원은 피해자가 성관계한 것이 진실이라 하더라도 그러한 사실의 적시가 여성인 피해자의 사회적 평판을 저하하는 것으로 공공의 이익과 무관하다는 점을 인정한 것입니다.

최근에는 정보통신기술의 발전에 따라 신종 디지털 성범죄가 생겨나면서, 성관계를 하지도 않았는데 마치 한 것처럼 합성한 허위 음란물이 유포되기도 합니다. 딥페이크 영상이란 것인데, 인공지능 기술을 이용해 특정 인물의 얼굴 등을 특정 영상에 합성한 편집물입니다. 이를 이용하여 수년 전에는 소위 '지인 능욕'이라는 형태의 디지털 성범죄가 기승을 부리기도 하였습니다. 아는 여성의 얼굴에 음란물을 합성하여 SNS 계정이나 연락처를 공개한 게시글을 올려 추가적인 범죄에 노출시키는 행위입니다. 이러한 나체 합성 영상물을 유포하는 것은 음란물 유포죄에 해당하고, 다른 사람의 얼굴을 합성했다면 그 사

> **"나체 영상물을 유포한 것은 음란물 유포죄에 해당하고, 다른 사람의 얼굴을 합성했다면 그 사람에 대한 명예훼손죄도 성립합니다."**

람에 대한 명예훼손죄도 성립합니다. 2020년 n번방 사건에 대한 문제를 개선하기 위하여 성폭력처벌법에 딥페이크 음란물 영상(허위 영상물)에 관한 범죄가 신설되었습니다. 딥페이크 음란물 영상을 반포, 판매, 임대, 제공, 전시, 상영할 목적으로 대상자의 의사에 반하여 성적 욕망 또는 수치심을 유발할 수 있는 형태로 편집, 합성, 가공한 사람은 5년 이하의 징역 또는 5천만 원 이하의 벌금에 처합니다. 영상 제작 당시에는 대상자의 의사에 반하지 않더라도 사후에 대상자의 의사에 반하여 반포한 경우도 마찬가지로 처벌되고, 영리 목적인 경우와 상습범인 경우에는 가중하여 처벌됩니다.

딥페이크 영상을 이용하여 이루어지는 선거운동에 관해서 우리나라 중앙선거관리위원회는 딥페이크 영상임을 표시하지 않는 경우 허위사실공표죄에 해당한다는 해석을 내렸습니다. 딥페이크 영상으로 특정인의 얼굴을 합성하거나 목소리를 이용하여 전화나 SNS로 금전을 요구하는 신종 보이스피싱 범죄가 일어난 사례도 있으며 이는 형법상 사기죄에 해당합니다.

특정 가능=명예훼손죄 성립

딥페이크 음란물 영상에서 피해자가 누구인지 특정할 수 있으면 그 피해자에 대한 명예훼손죄가 성립하는데, 어느 정도 피해자의 정보가 나타나야 특정되었다고 볼 수 있는지 기준이 될 만한 사례가 있습니다. 방송보도를 하면서 미용실 간판 '○○ 헤어랜드' 중 '○○' 부분은 모자이크 처리하고 피해자의 성명이나 얼굴을 명시하지 않고 방송보도를 하기는 하였으나, 자막으로 위 미용실이 경기도 오산시에 있다고 표시하고 미용실이 입점한 건물의 외관을 비추는 과정에서 다른 상가의 간판은 그대로 내보냈으며, 피해자와의 인터뷰를 음성 변조 없이 그대로 방송한 사실을 보면, 해당 미용실 주변 사람들은 방송에 나타난 미용실이 피해자가 운영하는 ○○ 헤어랜드라는 것을 알 수 있었다고 봄이 상당하므로, 결국 피해자가 특정되었다고 보았습니다(대법원 2009. 10. 29 선고 2009다49766 판결). 딥페이크 음란물 영상에 사진이 사용되었다면 그 사진으로 피해자가 특정되었다고 볼 수 있습니다.

CHAPTER 2. Q&A - 명예훼손

Q04 기업 대표의 부정을 대자보로 알렸어요.

POINT KEYWORD
- 진실한 사실
- 위법성 조각
- 공공의 이익

CASE 대표가 횡령한 사실을 회사 게시판에 대자보로 알렸습니다. 모두가 알아야 하는 사실이라고 생각해 행동한 건데 혹시 형사처벌을 받을까 겁이 납니다. 이런 경우에도 처벌받는지 궁금합니다.

표현의 자유 인정

명예를 훼손하는 내용이 담긴 발언이라고 하더라도 그 내용이 진실한 사실이고 공공의 이익에 부합한다면, 표현의 자유를 보장한 헌법 제21조를 고려해 명예훼손죄의 특수한 위법성 조각 사유가 인정됩니다.

우선 '진실한 사실'을 적시한 경우여야 합니다. 진실한 사실이란 내용 전체의 취지를 고려할 때 중요한 부분이 객관적 사실과 합치되는 사실을 의미합니다. 전체적으로 보았을 때 진실에 부합한다면, 다소 과장된 표현이 섞여 있는 경우라고 하더라도 진실한 사실을 적시했다고 인정될 수 있습니다.

다만, 진실한 사실이 아니라고 하더라도 진실로 믿을 만한 상당한 이유가 있다면 명예훼손의 책임이 부정되기도 합니다. 2007년 한국방송공사는 시사교양 프로그램 '소비자고발'에서 황토팩 제품에서 쇳가루가 검출되었다고 보도한 바 있습니다. 황토팩 판매 사업은 큰 타격을 입었고, 민형사 소송으로 이어졌습니다. 법원은 피해자 회사가 제조·판매하는 시중의 황토팩 제품에서 검출된 다량의 검은색 자성체(磁性體)는 황토팩 제조 과정에서 유입된 이물질인 쇳가루라는 취지로 보도한 것은 그 중요한 부분이 객관적 사실과 합치되지 아니하는 허위의 사실이라고 판단하였습니다. 그러나, 피고인들의 취재 대상 선정 및 취재 방법, 피해자 회사에 대한 취재 및 그에 대한 피해자 회사의 대응,

> **" 회사의 대표가 횡령한 것이 진실한 사실이라면 공공의 이익에 관한 것이므로 위법성이 없어져 처벌되지 않습니다. "**

황토의 성분에 대한 관련 문헌의 내용 등 그 판시와 같은 여러 사정에 비추어 볼 때 피고인들로서는 그 보도 당시 보도 내용이 진실하다고 믿었고 그와 같이 믿을 만한 상당한 이유가 있었다고 판단했던 사례도 있습니다(대법원 2012. 12. 13. 선고 2010도8847 판결).

사회구성원의 관심에 부합해야

그리고 진실한 사실의 적시가 '공공의 이익'에 부합해야 합니다. '공공의 이익'에는 널리 국가·사회 기타 일반 다수인의 이익에 관한 것뿐만 아니라 특정한 사회집단이나 그 구성원 전체의 관심과 이익에 관한 것도 포함됩니다(대법원 2002. 9. 24. 선고 2002도3570 판결).

법원은 노동조합 조합장이 회계감사를 한 결과 전임 조합장의 업무처리 내용 중 근거자료가 불명확한 부분에 대해 대자보를 작성해 부착한 것은 공공의 이익을 위한 것이라고 하고(대법원 1993. 6. 22. 선고 92도3160 판결), 교회 담임목사를 출교 처분한다는 취지의 교단 산하 재판위원회의 판결문을 신도들에게 배포한 행위는 목사의 개인적인 명예가 훼손된다고 하더라도 교단 또는 그 산하 교회 소속 신자들의 이익에 관한 것이라고 보았습니다(대법원 1989. 2. 14. 선고 88도899 판결). 법원은 학교, 아파트 단지, 회사 내부에서의 일을 적시한 것도 그 집단의 관심과 이익에 관한 것이라면 공공의 이익에 해당한다고 봅니다.

회사의 대표가 횡령한 것이 진실한 사실이라면, 그 사실을 대자보로 알린 것은 범죄행위를 알리고 회사 구성원들의 관심과 이익에 관한 것이라고 볼 수 있으므로 공공의 이익에 관한 것이라고 볼 수 있습니다. 따라서 이러한 행위는 위법성이 조각되어 처벌되지 않습니다.

[법조문] 형법 제310조(위법성의 조각) 제307조 제1항의 행위가 진실한 사실로서 오로지 공공의 이익에 관한 때에는 처벌하지 아니한다.

[용어] 위법성 조각사유(違法性 阻却事由) : 형식적으로는 범죄 행위나 불법 행위로서의 조건을 갖추고 있어도 실질적으로는 위법이 아니라고 인정할 만한 특별한 사유를 말합니다. 위법성은 범죄성립요건의 하나로 위법성이 없으면 범죄가 성립하지 않습니다. 형법은 위법성에 관해 적극적으로 규정하지 않고 소극적으로 위법성이 조각되는 사유를 정하는데, 이를 위법성 조각사유라고 합니다.

CHAPTER 2. Q&A - 명예훼손

Q05 링크 공유도 죄가 되나요?

POINT KEYWORD
- 사실의 적시
- 명예훼손죄

CASE 친구가 메신저로 보내준 링크를 다른 친구에게 공유했는데 명예훼손으로 고소당했습니다. 다른 사람에게 받은 링크를 공유한 것만으로도 명예훼손죄가 성립하는지 궁금합니다.

링크 공유, 사실적시 해당하기도

인터넷에 게시된 동영상의 링크를 자신의 블로그에 게시한 것을 두고 사실을 적시한 것이라고 볼 수 있는지 다투어진 사안이 있습니다.

청구인은 자신의 블로그에 이명박 당시 대통령에 관한 비판적인 동영상('쥐코'라고 알려진 동영상)을 게시하면서 동영상의 내용에 공감을 표시하는 본문 게시글을 작성했습니다. 국무총리실장은 청구인에 대해 명예훼손 혐의로 수사를 요청했고, 검찰은 청구인에게 명예훼손죄가 인정된다고 판단한 후 기소유예 처분했습니다. 청구인은 자신은 혐의가 없으므로 기소유예 처분이 위법하다며 헌법재판소에 헌법소원 심판을 청구했습니다.

헌법재판소는 "출처를 밝히고 원문의 존재를 밝히고 있는지, 제3자가 작성한 표현물을 인용하는 것에 불과한지, 제3자의 표현물에 더해 적극적으로 자신의 표현을 추가했는지, 제3자의 표현물의 내용에 대해 동조하거나 비판하는 의견을 개진했는지, 제3자의 표현물을 그대로 게시했는지 아니면 변형을 가했는지, 제3자의 표현물을 게시한 공간의 성격은 어떠한지, 제3자의 표현물을 어떤 범위의 사람들에게 공개했는지 등 구체적인 사정이 다를 수" 있는데, "제3자의 표현물을 게시한 행위가 전체적으로 보아 단순히 그 표현물을 인용하거나 소개하는 것에 불과한 경우에는 명예훼손의 책임이 부정되고, 제3자의 표현물을 실질적으로 이용·지배함으로써 제3자의 표현물과 동일한 내용을 직접 적시한 것과 다름없다고 평가되는 경우에는 명예훼손의 책임이 인정되어야 할 것"이라고 기준을 제시했습니다. 그리고 이 사안에서 동영상을 볼 수 있도록 링크를 공유하는 방법으로 게시글을 작성한 것이 사실적시에는 해당한다고 보았습니다(헌법재판소 2013. 12. 26 자 2009헌마747 결정).

형사책임 부담 가능성도 있어

법원은 노동조합원인 회원이 언론기관이 작성한 기사를 퍼오거나 링크시켜 놓은 행위와 관련해 "원문 기사 등의 내용을 단순히 인용 내지 소개한 것에 불과한 경우에도 인터넷 매체의 특성과 그 역기능 등을 고려해 볼 때 원문 기사 등이 진실에 반하는 내용으로 명예를 훼손하는 것임을 잘 알면서도 비방할 의도로 링크 행위 등을 했고 그로 인해 원문 기사 등이 급속하고 광범위하게 확산돼 명예훼손의 정도가 당초보다 현저히 확대 또는 심화되었다면, 명예훼손물의 전파자로서 불법행위 책임을 진다"고 판시했습니다(서울중앙지방법원 2005. 9. 23. 선고 2004가합61216 판결). 형사소송 판결이 아니기 때문에 '사실의 적시'라는 요건에 관해 좀 더 완화된 기준을 적용한 것으로 이해됩니다.

또한, 링크에 관한 법적 평가와 관련해 대법원은 링크를 통해 저작물을 불법으로 공유하는 행위를 '전송'에 해당하지 않기 때문에 저작권법 위반이 되지 않는다고 일관되게 판단해 오다가, 최근에는 전원합의체 판결로 그 태도를 바꾸어 저작권 침해물 링크 사이트에서 침해 게시물로 연결되는 링크를 제공하는 경우 등과 같이 그 의도나 양태에 따라서 방조 책임의 귀속을 인정할 수 있다고 판단한 바 있습니다(대법원 2021. 9. 9. 선고 2017도19025 전원합의체 판결).

친구에게 아무런 추가적 언급 없이 링크만 보내주면서 소개한 것에 불과하다면 명예훼손으로 처벌받을 가능성이 작습니다. 하지만, 이러한 행위에 대해 민사상 불법행위책임을 부담할 수 있고 나아가 그러한 행위로 원문 기사 등이 급속하고 광범위하게 확산돼 피해가 심각해진 점이 입증된다면 형사책임을 부담할 가능성도 있다는 점에 유의하시기 바랍니다.

> "친구에게 링크만 보내주고 다른 언급을 한 것이 아니라면 명예훼손으로 처벌될 가능성은 낮습니다."

CHAPTER 2. Q&A - 명예훼손

Q06 '도둑놈'이라고 욕한 친구, 명예훼손 맞죠?

POINT KEYWORD
- 사실 적시 vs 의견 표명
- 명예훼손죄
- 모욕죄

CASE 말다툼을 하던 친구가 감정이 격해져서 저에게 '도둑놈'이라고 얘기했지만 저는 살면서 도둑질을 한 적이 없습니다. 이런 식으로 허위 사실을 말한 것은 명예훼손죄가 성립하는지 궁금합니다.

감정 표현 명예훼손죄 해당되지 않아

명예훼손죄가 성립하기 위해서는 구체적인 사실 또는 허위 사실의 적시가 있어야 합니다. 여기에서 사실이란 현실화하고 입증이 가능한 과거 또는 현재의 구체적인 사건이나 상태를 의미합니다. 법원은 "명예훼손죄에서 '사실의 적시'란 가치판단이나 평가를 내용으로 하는 '의견표현에 대치되는 개념으로서 시간과 공간적으로 구체적인 과거 또는 현재의 사실관계에 관한 보고나 진술을 의미하며, 표현내용이 증거에 의해 증명이 가능한 것을 말한다'고 설명하고 있습니다(대법원 2011. 9. 2 선고 2010도17237 판결). 구체적인 사실을 적시하지 않고, 감정이나 판단의 표현을 한 경우는 명예훼손죄에 해당하지 않습니다.

인터넷 기사에 댓글로 기사를 비판하면서 '기레기'라고 표현한 것은 기자인 피해자를 모욕하는 표현입니다. 다만 법원은 댓글의 전체적인 맥락이 기사의 내용이 잘못되었다고 비판하면서 '기레기'라는 표현을 덧붙인 것이므로 사회상규에 반하지 않는다고 해 무죄를 선고했습니다(대법원 2021. 3. 25. 선고 2017도17643 판결).

나이 어린 사람이 반말하면서 불쾌하게 얘기한 것이 모욕죄에 해당하는지 문제 되었던 사안도 있습니다. 노조 활동을 하는 피고인이 관계자 140여 명이 있는 곳에서 자신보다 15살 많은 회사 부사장의 이름을 부르면서 "야 ○○아, ○○이 여기 있네, 니 이름이 ○○이잖아, ○○아 나오니까 좋지?"라고 말해서 모욕죄로 기소되었던 사안입니다. 다만 법원은 위 발언이 노사 대치 과정에서 노조 활동을 방해하는 것으로 여겨 화가 나 발언했으며 상대방을 불쾌하게 할 수 있는 무례하고 예의에 벗어난 표현이기는 하지만 객관적으로 부사장의 인격적 가치에 대한 사회적 평가를 저하할 만한 모욕적 언사에 해당한다고 보기 어렵다는 이유로 무죄를 선고했습니다(대법원 2018. 11. 29. 선고 2017도2661 판결).

> "'도둑놈'이라고 말한 것이 단순히 대화 과정에서 감정적인 표현을 한 것이라면 모욕죄가 성립될 수는 있어도 명예훼손죄가 성립된다고 보기는 어렵습니다."

만화 역시 명예훼손죄 성립 가능

글이나 말로 명예를 훼손하는 사실을 이야기하는 경우뿐만 아니라 만화를 통해서도 명예를 훼손하는 사실을 표현했다면 그런 만화를 그린 것 또한 명예훼손죄가 될 수 있습니다. 피해자 등이 경제위기의 책임자로 지목되면서 검찰수사 등이 거론되고 새로 출범할 정부가 경제위기의 원인 규명과 책임자 처벌에 강한 의지를 피력하고 있는 상황에서 피해자 등이 항공권을 구입하거나 해외 도피를 의논하고 있는 장면을 담고 있는 풍자만화를 기고해 이를 일간지에 게재한 경우, 피해자 등이 경제위기와 관련된 책임 추궁 등을 면하기 어려운 절박한 상황에 처해 있음을 희화적으로 묘사하거나 피해자 등이 해외로 도피할 가능성이 없지 않음을 암시함과 아울러 이들에 대한 출국금지 조치가 필요하다는 견해를 우회해 표현한 것일 뿐 피해자 등이 해외로 도피할 의사가 있다거나 해외 도피를 계획 또는 모의하고 있다는 구체적 사실을 적시했다고는 볼 수 없다는 이유로 명예훼손의 성립이 부정되었습니다(대법원 2000. 7. 28. 선고 99다6203 판결).

상대방이 '도둑놈'이라고 말하는 것이 문자 그대로 남의 물건을 훔친 사실을 이야기하는 것이라면 허위 사실을 적시한 것이 되어 명예훼손죄가 성립합니다. 그러나 단순히 대화 과정에서 감정적인 표현을 한 것이라면 구체적 사실이 적시되었다고 보기는 어렵고, 모욕죄가 성립될 수는 있어도 명예훼손죄가 성립된다고 보기는 어렵습니다.

CHAPTER 2. Q&A - 명예훼손

Q 07   통화 중에 욕설을 들었습니다.

POINT KEYWORD
- 불특정다수인
- 공연성
- 모욕죄

CASE   전화 통화를 하다가 상대방으로부터 심한 욕을 들어 너무 화가 납니다. 전화 통화로 들은 욕이라 저 말고 들은 사람은 없는데 고소할 수 있는지 궁금합니다.

'공연히'의 요건

욕을 한 사람을 고소하고 싶다면 모욕죄에 해당하는지 살펴봐야 합니다. 모욕죄는 '공연히 사람을 모욕함으로써 성립하는 범죄'입니다. 모욕죄로 처벌될 수 있는 욕도 발언의 종류마다 다른데, 이는 모욕죄 해당 부분(98-99p → 챕터2 Q10 '한남, 메갈도 욕인가요?')에서 자세히 살펴보기로 하고, 여기에서는 '공연히'라는 요건이 무엇을 의미하는지 살펴보겠습니다. 명예훼손죄도 '공연히' 사실을 적시하거나 허위의 사실을 적시해 사람의 명예를 훼손함으로써 성립한다고 규정하고 있습니다. 공연히 모욕하고 공연히 사실을 적시한다는 것은 무엇을 의미하는 것일까요?

공연성은 불특정 또는 다수인이 인식할 수 있는 상태라고 봅니다(대법원 2006. 5. 25. 선고 2005도2049). 즉 공연히 모욕했다는 것은 불특정한 사람들이 들을 수 있게 모욕했다거나 다수의 사람에게 모욕 발언을 했다는 것을 말합니다.

여기에서 불특정한 사람들이란 상대방이 특수한 관계로 한정된 범위에 속하는 사람이 아니라는 것을 말합니다. 특수한 관계로 한정된 사람들이란 가족, 친척, 긴밀한 친구 사이, 애인 관계 등을 예로 들 수 있습니다. 불특정한 사람들이란 거리의 통행인이나 광장의 사람들을 예로 들 수 있고, 누구나 볼 수 있는 인터넷 게시판에 글을 올리는 것도 불특정한 사람들에게

> **❝ 전화 통화로 상대방이 나에게 욕을 했을 때, 그 내용이 모욕죄에 해당하더라도 전화 통화를 들은 사람이 나밖에 없다면 공연성이 부정되어서 모욕죄가 성립하지 않습니다. ❞**

발언한 것으로 봅니다.
다수인이란 단순히 2명 이상을 말하는 것이 아니고 개인의 명예가 사회적으로 훼손되었다고 평가될 수 있을 정도의 상당수의 사람을 뜻합니다.

피해자와 특수 관계 살펴야

상대방이 피해자와 특수한 관계인 경우라면 2명 이상에게 말했어도 공연성이 없으므로 명예훼손죄나 모욕죄가 성립하지 않는다고 합니다. 피고인이 피해자의 소개로 친하게 된 A와 B에게 피해자의 명예를 훼손하는 취지의 말을 했는데, 피고인과 피해자, A, B 사이의 친분으로 보았을 때 A, B가 다른 사람들에게 그 얘기를 전달한 적이 없었고, 오히려 피고인과 A 사이의 분쟁으로 관계가 악화하자 A가 피해자에게 위와 같은 명예를 훼손하는 발언 사실을 알렸던 사안에서 법원은 피고인이 적시한 사실이 불특정 또는 다수인에게 전파될 가능성이 있었다고 보기는 어렵다고 판단했습니다(대법원 2006. 9. 22. 선고 2006도4407 판결).

피해자 본인만 들을 수 있게 얘기한 경우에는 그 내용이 피해자의 명예를 훼손하는 내용이라도 공연성이 없다는 이유로 명예훼손죄의 성립을 부정합니다. 피고인이 피해자만 들을 수 있도록 귓엣말로 피해자가 A와 부적절한 성적 관계를 맺었다는 취지의 이야기를 했던 사안에서 법원은 어느 사람에게 귓엣말 등 그 사람만 들을 수 있는 방법으로 그 사람 본인의 사회적 가치 내지 평가를 떨어뜨릴 만한 사실을 이야기했다면, 위와 같은 이야기가 불특정 또는 다수인에게 전파될 가능성이 있다고 볼 수 없어 명예훼손의 구성요건인 공연성을 충족하지 못하는 것이며, 그 사람이 들은 말을 스스로 다른 사람들에게 전파했더라도 여전히 명예훼손죄는 성립하지 않는다(대법원 2005. 12. 9. 선고 2004도2880 판결)고 판단했습니다.

[법조문] 형법 제311조(모욕) 공연히 사람을 모욕한 자는 1년 이하의 징역이나 금고 또는 200만 원 이하의 벌금에 처한다.

CHAPTER 2. Q&A - 명예훼손

 거짓말을 하는데
처벌이 안된다고요?

POINT KEYWORD
- 사회적 평가의 저하
- 명예훼손죄

CASE 저는 삼성 갤럭시 핸드폰을 쓰는데 어떤 사람이 제가 애플 아이폰을 쓴다고 거짓말을 하고 다닙니다. 이런 경우는 명예훼손죄로 처벌받지 않을 수 있다는 것이 사실인가요?

거짓말인지 아닌지는 중요치 않아

사실적시 명예훼손이라는 말을 들어 보셨을 겁니다. 실제 있었던 사실을 말했는데도 명예훼손죄로 처벌받는다는 것입니다. 그런데 거짓말을 했는데도 명예훼손죄로 처벌받지 않을 수 있다니 무슨 말일까요.

명예훼손죄로 처벌받기 위해서는 어떠한 발언으로 인해 나의 '명예'가 '훼손'됐어야 합니다. 그 발언이 거짓말인지 아닌지는 중요하지 않습니다. 상대방이 거짓말을 했더라도 그 거짓말 때문에 나의 명예가 훼손된 것이 아니라면, 상대방은 명예훼손죄로 처벌받지 않게 되는 것입니다.

예를 들어, 누군가가 내가 삼성 갤럭시 핸드폰을 사용하지 않고 애플 아이폰을 사용한다는 사실을 유포하고 다니고 이것이 허위라고 해도, 이러한 거짓말로 나의 명예가 훼손되는 것은 아니기 때문에 명예훼손죄는 성립하지 않습니다.

그러나 삼성전자 회장인 이재용이 갤럭시를 사용하지 않고 애플 아이폰을 사용한다고 얘기하고 다닌다면 경우에 따라 명예훼손죄에 해당할 수도 있을 것입니다.

명예훼손죄가 성립하기 위해서는 나의 사회적 가치나 평가가 침해될 가능성이 있는 구체적 사실의 적시가 있어야 합니다. 어떤 표현이 명예를 훼손하는지 아닌지는 그 표현에 대한 사회통념에 따른 객관적 평가로 판단이 이루어집니다.

> **"명예훼손죄로 처벌받기 위해서는 그로 인해 피해자의 명예가 훼손되어야 하기 때문에 명예가 훼손된 것이 아니라면 그 발언이 사실이 아니라고 하더라도 명예훼손죄로 처벌되지 않습니다."**

법원의 견해가 바뀌기도

우리 법원은 예전에는 '이혼한 사실'도 명예를 훼손하는 사실이라고 보았습니다. 이혼을 했다는 것은 한 사람의 사회적 가치나 평가를 깎아 내리는 사실이라고 본 것입니다. 그러나 최근에는 법원이 견해를 바꿔서 누군가에게 이혼 경력이 있다는 사실을 밝히는 것이 명예훼손이 되지 않는다고 했습니다. "최근 이혼에 대한 부정적인 인식과 평가가 점차 사라지고 있음을 감안하면 피고인이 피해자의 이혼 경위나 사유, 혼인 관계 파탄의 책임 유무를 언급하지 않고 이혼 사실 자체만을 언급한 것은 피해자의 사회적 가치나 평가를 떨어뜨린다고 볼 수 없다(대법원 2022. 5. 13. 선고 2020도15642 판결)."

이혼하게 된 원인을 설명하면서 명예를 훼손하는 사실을 적시하는 것과는 별개로, 누군가에게 이혼 경력이 있다는 사실을 밝히는 것만으로는 명예가 훼손되었다고 보지 않은 것입니다. 시대의 변화에 따라 명예훼손에 해당하는 사실도 달라집니다.

법원은 피해자가 동성애자가 아닌데도 피고인이 피해자가 동성애자라는 내용의 글을 게재한 사안에서 유죄를 선고했습니다.

법원은 피고인이 인터넷사이트에 7회에 걸쳐 피해자가 동성애자라는 내용의 글을 게재한 사실을 인정한 다음, 현재 우리 사회에서 자신이 스스로 동성애자라고 공개적으로 밝히는 경우 사회적으로 상당한 주목을 받는 점, 피고인이 피해자를 괴롭히기 위해 이 사건 글을 게재한 점 등 그 판시의 사정에 비추어 볼 때, 피고인이 위와 같은 글을 게시한 행위는 피해자의 명예를 훼손한 행위에 해당한다고 판단했습니다(대법원 2007. 10. 25. 선고 2007도5077 판결). 해당 판결 또한 시간이 지나 시대 상황이 달라진다면 판단이 달라질 수 있습니다.

CHAPTER 2. Q&A - 명예훼손

경찰 앞에서
거짓말해도 되나요?

POINT KEYWORD
- 명예훼손죄
- 공연성
- 전파가능성

CASE 상대방이 경찰서에서 수사 받고 있는데, 잘못을 인정하기는커녕 경찰 앞에서 거짓말을 하는데요, 이럴 경우 명예훼손죄로 처벌되지 않나요?

직무상 취급은 공연성 부정

상대방이 경찰서에서 수사 받고 있는데, 잘못을 인정하기는커녕 경찰 앞에서 거짓말을 하고 있습니다. 심지어 그냥 거짓말도 아니고 다른 사람의 명예를 훼손하는 내용으로 거짓말을 하고 있습니다. 다른 상황이었다면 상대방에게는 명예훼손죄가 성립하겠지만 경찰 앞에서 얘기했다는 것만으로 명예훼손죄가 성립하지 않을 수 있습니다.

명예훼손죄가 성립하려면 공연성 요건을 갖추어야 합니다. 공연성은 불특정 또는 다수인이 인식할 수 있는 상태를 말하고, 사실이 전파될 가능성이 있는지에 따라서도 명예훼손죄 성립 여부가 결정됩니다. 그런데 명예를 훼손하는 발언을 듣는 상대방이 사실적시 내용을 직무상 취급하는 경우라면 전파 가능성이 없어 공연성이 부정되어 명예훼손죄가 성립하지 않습니다.

대표적인 경우로 상대방이 기자인 경우가 있습니다. 피고인이 주간신문 기자와의 전화 인터뷰에서 A에 대한 명예훼손이 되는 이야기를 했는데, 주간신문 기자는 그 이야기를 기사화하지 않았습니다. 이 사안에서 법원은 통상 기자가 아닌 보통 사람에게 사실을 적시할 경우에는 그 자체로서 적시된 사실이 외부에 공표되는 것이므로 그때부터 곧 전파 가능성을 따져 공연성 여부를 판단해야 할 것입니다. 하지만, 그와는 달리 기자를 통해 사실을 적시하는 경우에는 기사화되어 보도되어야만 적시된 사실이 외부에 공표된다고 보아야 할 것이므로 기자가 취재한 상태에서 아직 기사화해 보도하지 아니한 경우에는 전파 가능성이 없다고 할 것이어서 공연성이 없다고 봄이 상당하다고 했습니다(대법원 2000. 5. 16. 선고 99도5622 판결). 기자가 기사화해 보도할 때까지는 다른 사람들에게 전파하지 않을 것이라고 보아 전파 가능성이 없고 공연성도 없다고 보았던 사안입니다.

> **"경찰은 사실적시 내용을 직무상 취급하기 때문에 경찰 앞에서 다른 사람의 명예를 훼손하는 내용으로 거짓말을 하더라도 명예훼손죄는 성립하지 않습니다."**

무조건적 상황은 없어

기자에게 이야기했다는 이유만으로 전파 가능성이 부정되는 것은 아닙니다. 피고인이 허위 사실을 기재한 보도자료를 만들어 기자들에게 배포한 행위는 명예훼손죄가 성립한다고 판단한 사안이 있습니다(대법원 2000. 10. 10. 선고 99도5407 판결). 기자가 다수였고 보도자료를 만들어 배포하는 것 자체가 다수에게 허위 사실을 적시한 행위라고 보아 전파 가능성과 공연성을 인정한 것으로 보입니다.

경찰서와 같은 수사기관에서 이야기했다고 해서 무조건 명예훼손죄가 성립하지 않는다고 생각해서는 안 됩니다. 경찰서에 다른 민원인이나 조사 받는 일반인이 있을 수 있고, 수사 담당 경찰관이 아닌 다른 경찰관들에게까지 그와 같은 명예를 훼손하는 발언이 들렸다면 전파 가능성과 공연성이 인정되어 명예훼손죄가 성립할 수 있습니다.

결과적으로 상대방이 수사기관인 경찰 앞에서 조사 받으면서 말한 내용이 명예를 훼손하는 이야기라고 하더라도, 경찰은 수사에 종사하는 공무원으로 비밀을 지킬 의무가 있기 때문에 상대방의 이야기가 불특정 또는 다수인에게 전파될 가능성이 있다고 보기 어렵고, 따라서 명예훼손죄가 성립하기 어렵습니다. 그러나 경찰서에서 주변의 다른 사람들까지 그 얘기를 들었다면 전파 가능성이 인정되고 명예훼손죄도 성립할 것입니다.

SECTION 2. Q&A - 모욕

Q10 한남, 메갈도 욕인가요?

POINT KEYWORD
- 사회적 평가의 저하
- 경멸적 감정
- 모욕죄

CASE 요즘 인터넷 커뮤니티에서 한남, 메갈 등의 단어를 사용하던데, 이런 표현도 형사처벌 대상이 되는지 궁금합니다.

사실 적시와 모욕의 구분

공연히 사람을 모욕하면 모욕죄로 처벌됩니다. 모욕죄는 명예훼손죄와 마찬가지로 개인의 외부적 명예를 보호하기 위한 것입니다.

모욕죄의 모욕이란 '사실의 적시'가 아니지만, 사람의 사회적 평가를 저하할 만한 추상적 판단이나 경멸적 감정을 표현하는 것을 의미합니다(대법원 2008. 7. 10. 선고 2008도1433 판결).

동네 사람 4명과 구청 직원 2명 등이 있는 자리에서 피해자가 듣는 가운데 구청 직원에게 피해자를 가리키면서 "저 망할 년 저기 오네"라고 피해자를 경멸하는 욕설 섞인 표현을 했다면 피해자를 모욕했다고 할 수 있습니다(대법원 1990. 9. 25. 90도873 판결).

피해자에 대해 "야 이 개 같은 잡년아, 시집을 열두 번을 간 년아, 자식도 못 낳는 창녀 같은 년"이라고 큰소리친 경우, 위 발언 내용은 그 자체가 피해자의 사회적 평가를 저하할 만한 구체적 사실이라기보다는 피해자의 도덕성에 관해 가지고 있는 추상적 판단이나 경멸적인 감정표현을 과장되게 강조한 욕설에 지나지 아니해 형법 제311조의 모욕에는 해당할지언정, 형법 제307조 제1항의 명예훼손에 해당한다고 보기 어렵다고도 보았습니다(대법원 1985. 10. 22. 선고 85도1629 판결).

사회적 분위기도 고려 대상

피고인이 인터넷 사이트에 "이거 안가면 마인드씨같은 한남충한테 임신공격당하고 결혼함"이라고 기재해 '마인드씨'라는 필명의 웹툰 작가인 피해자를 공연히 모욕했던 사안에서 법원은 '한남충'에서 '충'은 벌레라는 뜻으로 부정적인 의미가 강한 점, '마인드씨'는 피해자의 필명인 점, 그 밖에 피고인이 기재한 문구의 구체적인 표현 방법, 피고인이 이러한 문구를 기재하게 된 동기와 경위에 비추어 보면, 피고인이 피해자 개인을 대상으로 해 위 문구를 기재했으며, 위 문구는 객관적으로 피해자의 가치에 대한 사회적 평가를 저하할 만한 것에 해당하고, 피고인에게 피해자에 대한 모욕의 고의가 있었다고 봄이 상당하다고 판단했습니다(서울서부지방법원 2017. 7. 13 선고 2017고정411 판결).

학부모 단체가 퀴어문화축제 동영상을 보여준 교사의 파면을 요구하는 시위를 하면서 "항문XX는 인권이다! 정말 좋단다, 남자는 다 짐승 등 정상적인 교사라면 상상할 수 없는 짓을 교육이라는 이름으로 버젓이 하며 학교, 학부모를 농락하고 있다. 페미니즘 동성애 남성 혐오, 친구 간 우정을 동성애로 인식하게 한 동심 파괴자 C교사를 즉각 파면하라"는 표현을 사용했고, 「대한민국 교육이 무너지고 있습니다. 오늘 OOO초등학교 교육 현장은 그야말로 동성애 교육장이 되어 있습니다. '항문XX는 인권이다! 정말 좋단다', '메갈(남성 혐오)', '한남충(한국 남자는 벌레)' 같은 동성애자들의 은어들이 난무하는 교실을 상상이나 해 보셨습니까?라는 내용이 담긴 유인물을 배포했는데, 이러한 행동이 불법행위로 인정되어 해당 교사에게 정신적 손해배상을 하게 된 사례도 있었습니다.

어떤 단어가 모욕에 해당하는지는 그 당시 사회적인 분위기와 단어가 사용되는 맥락이 함께 고려될 것입니다. 한남, 메갈은 더 이상 객관적이거나 가치 중립적인 표현이 아니고 인터넷에서 이러한 표현을 사용할 때는 어느 정도 상대방을 비난하려는 의도도 함께 포함되어 있다고 보이므로 모욕죄에 해당할 수 있습니다.

> **" 한남, 메갈은 더 이상 객관적이거나 가치 중립적인 표현은 아니고 인터넷에서 이런 표현을 사용할 때는 어느 정도 상대방을 비난하려는 의도도 함께 포함되어 있으므로, 모욕죄에 해당할 수 있습니다. "**

SECTION 2. Q&A - 모욕

Q11 팬이 악플러를 대신 고소할 수 있나요?

POINT KEYWORD
- 모욕죄
- 고소권자
- 친고죄

CASE 제가 좋아하는 연예인의 기사에 악의적으로 악플을 달고 다니는 사람들이 있습니다. 이들을 고소할 수 없나요?

피해자 의사가 중요

모욕죄는 친고죄로, 명예훼손죄와 출판물에 의한 명예훼손죄는 반의사불벌죄로 정해져 있습니다. 친고죄는 범죄 피해자의 고소가 있어야 공소를 제기할 수 있는 범죄를 말하고, 반의사불벌죄는 피해자가 가해자의 처벌을 원하지 않는다는 의사를 표시하면 처벌할 수 없는 범죄를 말합니다.

모욕죄는 친고죄이기 때문에 피해자가 고소해야 행위자에 대해 공소를 제기해 처벌될 수 있습니다. 그러나 자기 또는 배우자의 직계존속(부모님)을 고소하지 못합니다. 피해자의 법정대리인이나 피해자가 사망한 때에는 피해자의 배우자나 직계친족 또는 형제자매가 고소할 수 있는데, 단 피해자의 명시한 의사에 반해서 고소하지는 못합니다.

예를 들어 배우자나 성년인 자녀가 모욕당했다고 하더라도 다른 배우자나 부모는 피해자로 볼 수 없기 때문에 모욕죄로 고소할 수 없습니다.

명예훼손죄는 반의사불벌죄이기 때문에 피해자의 고소가 없더라도 처벌을 받게 되지만 피해자가 처벌을 원하지 않는다는 의사를 표시한 경우에는 공소를 제기할 수 없습니다. 피고인이 '청보회사 주인은 현 정부 고위층에 있는 이순자 것이다. 지금 국민은 상당히 말이 많다. 대통령 마누라 이순자는 사치가 심해 옷이 상당히 많다.'고 말했더라도 그 말이 전두환 대통령의 불명예가 될만한 구체적인 사실

> **"악플의 내용이 명예훼손에 해당한다면 팬이 대신 고발할 수 있지만, 악플이 모욕죄에 해당한다면 모욕죄는 친고죄이므로 연예인이 직접 고소하지 않는 이상 팬이 고소할 수는 없습니다."**

의 적시라고 할 수 없어 남편인 대통령의 명예훼손으로 되지 않는다고 했습니다(대법원 1988. 9. 20. 선고 86도2683 판결).

팬이 고소 못할 수도 있어

연예인을 욕하는 악플러를 고발(피해자 본인이 아니므로 고소 대신 고발해야 합니다)하려면 악플의 내용부터 분석해야 합니다. 악플의 내용이 구체적으로 사실이나 허위 사실을 적시해 연예인의 명예를 훼손하는 것이라면 직접 악플러를 신고해 명예훼손죄로 처벌받게 할 수 있습니다. 다만 연예인이 명시적으로 처벌을 원하지 않는다는 의사를 표시하면 악플러에 대해서 공소 제기를 할 수 없습니다. 모욕에 해당한다면, 팬은 악플러를 고소할 수 없습니다. 간혹 팬들이 악플러가 유포하는 소문이 허위라고 확신하며 소속사·연예인 의사와 무관하게 고발하겠다고 하는 경우가 있는데, 수사기관에 출석해 허위임을 입증해야 하는 일은 소속사·연예인의 몫이기 때문에, 이러한 태도는 선의와 달리 오히려 이들을 곤란하게 만들 수 있습니다.

[법조문] 형법 제312조 (고소와 피해자의 의사)
①제308조와 제311조의 죄는 고소가 있어야 공소를 제기할 수 있다.
②제307조와 제309조의 죄는 피해자의 명시한 의사에 반해 공소를 제기할 수 없다.

형사소송법

제223조(고소권자) 범죄로 인한 피해자는 고소할 수 있다.
제224조(고소의 제한) 자기 또는 배우자의 직계존속을 고소하지 못한다.
제225조(비피해자인 고소권자) ①피해자의 법정대리인은 독립해 고소할 수 있다. ②피해자가 사망한 때에는 그 배우자, 직계친족 또는 형제자매는 고소할 수 있다. 단, 피해자의 명시한 의사에 반하지 못한다.
제226조(동전) 피해자의 법정대리인이 피의자이거나 법정대리인의 친족이 피의자인 때에는 피해자의 친족은 독립해 고소할 수 있다.
제227조(동전) 사자의 명예를 훼손한 범죄에 대해는 그 친족 또는 자손은 고소할 수 있다.
제228조(고소권자의 지정) 친고죄에 대해 고소할 자가 없는 경우에 이해관계인의 신청이 있으면 검사는 10일 이내에 고소할 수 있는 자를 지정해야 한다.

SECTION 2. Q&A - 모욕

Q12 인터넷 카페 회원들이 비난받았습니다.

POINT KEYWORD
- 모욕죄
- 경멸적 감정
- 집단표시에 의한 모욕

CASE　인터넷 카페를 운영하고 있는데 카페 회원들을 싸잡아 비방하는 사람이 있습니다. 이 사람을 고소할 수 있을까요?

모욕죄 성립 기준

모욕죄는 특정한 사람 또는 인격을 보유하는 단체에 대해 사회적 평가를 저하할 만한 경멸적 감정을 표현함으로써 성립하기 때문에 그 피해자가 특정되어야 합니다. 그런데 인터넷카페 회원 전체에 대해서 비방하고 모욕했다면 회원들을 전체적으로 비방, 모욕한 것이어서 피해자가 특정되었다고 볼 수 있는지 문제 됩니다.

이른바 집단표시에 의한 모욕은 모욕의 내용이 집단에 속한 특정인에 대한 것이라고는 해석되기 힘들고, 집단표시에 의한 비난이 개별구성원에 이르러서는 비난의 정도가 희석되어 구성원 개개인의 사회적 평가에 영향을 미칠 정도에 이르지 아니한 경우에는 구성원 개개인에 대한 모욕이 성립되지 않는다고 봄이 원칙입니다. 비난의 정도가 희석되지 않아 구성원 개개인의 사회적 평가를 저하할 만한 것으로 평가될 경우에는 예외적으로 구성원 개개인에 대한 모욕이 성립할 수 있다고 합니다. 한편 구성원 개개인에 대한 것으로 여겨질 정도로 구성원 수가 적거나 당시의 주위 정황 등으로 보아 집단 내 개별구성원을 지칭하는 것으로 여겨질 수 있는 때에는 집단 내 개별구성원이 피해자로서 특정된다고 보아야 할 것입니다. 구체적인 기준으로는 집단의 크기, 집단의 성격과 집단 내에서의 피해자의 지위 등을 들 수 있습니다(대법원 2014. 3. 27. 선고 2011도15631 판결).

> **"** 인터넷카페 회원이 소수이고 비방하는 대상이 특정되어 피해자가 특정된다면 명예훼손이나 모욕에 해당합니다. **"**

위 사안은 국회의원이었던 피고인이 국회의장배 전국 대학생 토론대회에 참가했던 학생들과 저녁회식을 하는 자리에서, 장래의 희망이 아나운서라고 한 여학생들에게 (아나운서 지위를 유지하거나 승진하기 위해) "다 줄 생각을 해야 하는데, 그래도 아나운서 할 수 있겠느냐. ○○여대 이상은 자존심 때문에 그렇게 못하더라"라는 등의 말을 함으로써 공연히 8개 공중파 방송 아나운서들로 구성된 A연합회 회원인 여성 아나운서 154명을 각 모욕했다는 사안입니다. 법원은 피해자 개개인에 대한 사회적 평가에 영향을 미칠 정도에까지는 이르지 않는다고 해 형법상 모욕죄가 성립하지 않는다고 보았습니다.

피고인들이 다음 아고라 토론방에 '개독알밥 꼴통놈들', '전문시위꾼 XX 똘마니들', '존만이들'이라는 글을 게시해서 인터넷 카페 회원들을 모욕했다는 이유로 기소된 사건에서 법원은, 위 카페가 누구나 가입할 수 있어 회원 수도 3만 6천 명이 넘고 아이디나 닉네임만 사용할 뿐 개인의 인적 사항이 드러나지 않는다는 점을 볼 때 피고인들의 글은 카페 회원 일반을 대상으로 한 것이어서 그 개별 구성원에 불과한 카페 회원인 피해자는 비난의 정도가 희석되어 피해자 개인의 사회적 평가에 영향을 미친 정도에 이르지 않는다고 보았습니다(대법원 2013. 1. 10. 선고 2012도13189 판결).

집단 특정 시 범죄 성립

집단표시에 의한 모욕은 집단 구성원 개개인에 대한 모욕죄가 성립한다면 범죄가 됩니다. 범죄가 되기 위해서는 집단이 특정되어야 하고, 구성원의 수가 어느 정도 제한되어야 합니다. 명예훼손이나 모욕의 표현도 집단의 구성원을 모두 지적하는 내용이어야 합니다.

운영하는 인터넷카페 회원들을 집단으로 비방하는 글이 있을 때, 인터넷 카페 회원이 다수이고 회원 하나하나를 특정하기 어렵다면 명예훼손이나 모욕에 해당하지 않을 것이고, 인터넷 카페 회원이 소수이고 비방하는 대상이 특정되어 피해자가 특정된다면 명예훼손이나 모욕에 해당합니다.

SECTION 2. Q&A - 초상권과 사생활

차량 내 CCTV를 공개해도 되나요?

POINT KEYWORD
- 초상권
- 사생활의 비밀과 자유

CASE 택시 기사인데 억울한 일이 생겼습니다. 제가 운행하는 택시 안을 촬영하고 녹화한 CCTV를 공개해도 문제가 없을지 궁금합니다.

초상권 침해는 불법행위

초상권은 사진 등에 나타난 사람의 얼굴이나 모습에 대한 권리입니다. 사람은 누구나 자신의 얼굴 등 기타 사회 통념상 특정인임을 식별할 수 있는 신체적 특징에 대해 함부로 촬영 또는 그림으로 묘사되거나 공표되지 아니하며 영리적으로 이용당하지 않을 권리를 가지는데, 이러한 초상권은 우리 헌법 제10조에 의해 헌법적으로 보장되는 권리입니다(대법원 2006. 10. 13. 선고 2004다16280 판결).

초상권은 구체적으로 1) 피사자가 촬영 등을 거절할 수 있는 권리 2) 초상의 이용을 거절할 수있는 권리 3) 영리적으로 이용당하지 아니할 권리(퍼블리시티권)로 구분될 수 있습니다. 본인의 동의 없이 본인임을 식별할 수 있는 특성을 함부로 촬영하거나 공표하거나 영리적으로 사용하는 행위는 초상권 침해에 해당합니다.

초상권 침해는 형사처벌 대상은 아니지만 엄연한 불법행위이며 피해자는 불법행위자에게 정신적 손해배상을 청구할 수 있습니다. 초상권 침해가 성립하는 것은 가해자가 피해자의 사진 등을 정당한 권한 없이 공개하는 경우입니다. 본인이 사진이나 영상의 사용을 허락했더라도 허락된 내용을 넘어서 사진을 이용하는 경우에는 초상권 침해가 성립될 수 있습니다.

초상권이나 사생활의 비밀과 자유를 침해하는 행위를 둘러싸고 서로 다른 두 방향의 이익이 충돌하는 경우

> **"인터넷이라는 개방된 공간에 영상을 업로드 하는 것은 아무리 억울한 상황이라고 하더라도 그 영상에 나오는 사람의 초상권을 침해하는 행위가 될 수 있습니다."**

에는 구체적 사안에서의 사정을 종합적으로 고려한 이익 형량을 통해 침해행위의 최종적인 위법성이 가려집니다. 이러한 이익 형량 과정에서, 첫째 침해행위의 영역에 속하는 고려 요소로는 침해행위로 달성하려는 이익의 내용 및 그 중대성, 침해행위의 필요성과 효과성, 침해행위의 보충성과 긴급성, 침해 방법의 상당성 등이 있고, 둘째 피해 이익의 영역에 속하는 고려 요소로는 피해 법익의 내용과 중대성 및 침해행위로 피해자가 입는 피해의 정도, 피해 이익의 보호 가치 등이 있습니다.

초상권 침해 행위될 수 있어

보험회사 직원이 보험회사를 상대로 손해배상청구소송을 제기한 교통사고 피해자들의 장해 정도에 대한 증거자료를 수집할 목적으로 피해자들의 일상생활을 촬영한 행위가 초상권 및 사생활의 비밀과 자유를 침해하는 불법행위에 해당한다고 보았던 사례도 있습니다(대법원 2006. 10. 13. 선고 2004다16280 판결).

아파트 입주자 갑이 단지 내 현수막을 게시하다가 다른 입주자로부터 제지당하자 욕설을 했는데, 위 아파트의 부녀회장이 말다툼하고 있는 갑의 동영상을 촬영해 입주자 대표 회장에게 전송했고, 회장이 이를 아파트 관련자들에게 전송한 사안에서, 동영상 촬영은 초상권 침해 행위이지만, 행위 목적의 정당성, 수단·방법의 보충성·상당성을 참작할 때 갑이 수인해야 하는 범위에 속하므로, 위법성이 조각된다고 한 사례도 있습니다(대법원 2021. 4. 29. 선고 2020다227455 판결).

택시 안에서 있었던 일을 승객이 허위로 인터넷에 올려 억울한 상황이고, CCTV에 있는 내용을 공개하는 방법으로 억울한 상황을 해결할 수 있더라도, 택시 내부에서 촬영한 영상을 인터넷에 공개하는 행위는 초상권 침해가 될 수 있으니 주의하시기 바랍니다.

[TIP] 2022년 개정된 부정경쟁방지법에서는 '경제적 가치를 가지는 타인의 성명, 초상, 음성' 등을 무단으로 사용하는 행위를 부정경쟁행위로 보아 금지하고 있습니다.

SECTION 2. Q&A - 초상권과 사생활

Q14. 성폭력 피해자 맞냐는 댓글, 문제 없나요?

POINT KEYWORD
- 사생활의 비밀과 자유
- 실명 보도
- 명예훼손죄

CASE 성폭력을 당해 힘든 시간을 보내고 있는 피해자입니다. 친구들과 일부러라도 약속을 만들며 이겨내고 있는데, SNS에 올린 친구들과의 사진에 '성폭력 피해자 맞냐'는 댓글이 달렸습니다. 너무 모욕적인데 법적으로 대응할 수 있을까요?

사생활에 대한 의견표명은 신중해야

친구들과 찍은 사진을 올린 것은 개인적인 사생활의 영역에 해당하므로, 만약 사진을 올린 공간이 공개된 게시판 등이어서 쉽게 접근할 수 있다고 하더라도 그런 사진을 보고 성폭력 피해자가 맞느냐는 내용의 글을 쓰는 경우 구체적 표현에 따라 형법상 명예훼손죄나 모욕죄는 물론 민사상 불법행위 책임을 지게 될 수 있습니다. 공개된 인터넷 게시판은 물론 언론에서도 타인의 사생활을 공개하거나 사생활에 대한 의견을 표명하는 행위는 매우 신중해야 합니다.

언론 역시 사생활 공개 유의해야

언론에서 개인의 사생활을 침해하거나 공개하는 행위는 보도내용이 진실하거나, 진실하다고 믿은데 상당한 이유가 있는 경우 명예훼손죄로 처벌하기는 어렵지만, 민사상 불법행위책임을 면하기 어렵습니다.
누구나 자신의 사생활의 비밀에 관한 사항을 함부로 타인에게 공개 당하지 아니할 법적 이익이 있으며, 그러한 사실이 공공의 이해와 관련되어 공중의 정당한 관심의 대상이 되는 사항이 아닌 한 비밀로서 보호되어야 하고, 이를 부당하게 공개하는 것은 불법행위라는 것이 판례의 태도입니다(대법원 1998. 9. 4. 선고 96다11327 판결).
위 판결은 방송 프로그램에서 유방 확대 수술 부작용으로 고생하고 있는 피해자를 취재한 사안입니다. 방송 제작진은 방송 시간 40여 분 중 2차례에 걸쳐(1회 약 28초, 2회 약 24초) 피해자의 본명 대신 가명을 사용하고, 피해자의 얼굴 우측에서 조명을 투사해 벽에 나타난 그림자를 방영하는 방식으로 화면 처리했으나, 피해자의 육성은 그대로 사용해서 피해자가 유방 확대수술의 후유증으로 고생하는 실상을 방영했습니다. 이 사안에서 법원은 프로그램을 방영하면서 피해자의 신분 노출을 막기위한 적절한 조치를 취하지 않고, 피해자 주변 사람들이 피해자가 유방확대 수술 받은 사실을 알 수 있도록 한 것은 피해자의 사생활의 비밀을 무단 공개한 것으로서 불법행위책임이 있다고 판단했습니다.

> "친구들과 찍은 사진을 올린 것은 사생활의 영역에 해당하므로 그런 사진을 보고 성폭력 피해자가 맞느냐는 식의 글을 쓴 것은 피해자의 명예를 훼손하는 것으로 인정될 수 있습니다."

사생활로 보호받는 영역 존재

공공장소에서는 사생활 보호의 정도가 완화될 수 있으며, 공적 인물의 경우에는 어느 정도 사생활이 노출되는 것을 피하기는 어렵지만, 공적 인물이라 하더라도 양가 상견례나 데이트 장면 등은 사생활로 보호받아야 한다는 판례도 있습니다. 법원은 A회사가 유명인인 B의 동의 없이 사생활 영역에 속하는 양가 상견례, 데이트 장면 등을 상세히 묘사하고, B를 무단으로 촬영한 사진을 보도한 사안에서, A회사는 B의 사생활의 비밀과 자유, 초상권을 침해했으므로 B가 입은 정신적 손해를 배상할 의무가 있다고 판단했습니다(대법원 2013. 6. 27. 선고 2012다31628 판결).

실명 보도는 원칙적으로 금지

언론에서 범죄사실을 보도할 때 실명 보도가 것이 허용되는지 문제되는 경우도 있습니다. 법무부 훈령인 '형사사건 공개금지 등에 관한 규정'에서는 수사 중인 형사사건에서 피의자의 이름이나 얼굴, 사생활 등을 공개해서는 안된다고 규정하고 있습니다. 헌법에서 보장하는 무죄추정의 원칙이 적용되기 때문입니다. 다만 범인의 검거를 위해 필요하거나, 중요한 사건으로 언론의 요청이 있어서 형사사건공개심의위원회의 의결을 거친 경우, 사건 관계인이 공적인 인물인 경우 등 예외적인 경우에만 실명 보도를 할 수 있습니다.

SECTION 2. Q&A - 초상권과 사생활

 제 사진이 음란게시글에 도용당했습니다.

POINT KEYWORD
- 통신매체이용음란죄
- 성적 수치심
- 혐오감
- 성폭력처벌법

CASE 어느 날 친구가 저 아니냐며 음란성 게시물에 올라온 사진을 보여줬는데, 누군가 제 사진을 도용한 것이었습니다. 이런 경우 어떤 범죄가 성립하나요?

통신매체이용음란죄의 성립

성폭력범죄의 처벌 등에 관한 특례법에서는 통신매체이용음란죄를 처벌하고 있습니다.

이와 관련해서 법원은 "'성적 수치심이나 혐오감을 일으키는 말, 음향, 글, 그림, 영상 또는 물건(이하 '성적 수치심을 일으키는 그림 등'이라 한다)을 상대방에게 도달하게 한다'는 것은 '상대방이 성적 수치심을 일으키는 그림 등을 직접 접하는 경우뿐만 아니라 상대방이 실제로 이를 인식할 수 있는 상태에 두는 것'을 의미한다. 따라서 행위자의 의사와 그 내용, 웹페이지의 성격과 사용된 링크 기술의 구체적인 방식 등 모든 사정을 종합해 볼 때 상대방에게 성적 수치심을 일으키는 그림 등이 담겨 있는 웹페이지 등에 대한 인터넷 링크를 보내는 행위를 통해 그와 같은 그림 등이 상대방에 의해 인식될 수 있는 상태에 놓이고 실질적으로 있어서 이를 직접 전달하는 것과 다를 바 없다고 평가된다. 이에 따라 상대방이 이러한 링크를 이용해 별다른 제한 없이 성적 수치심을 일으키는 그림 등에 바로 접할 수 있는 상태가 실제로 조성되었다면, 그러한 행위는 전체로 보아 성적 수치심을 일으키는 그림 등을 상대방에게 도달하게 한다는 구성요건을 충족한다."고 보고 있습니다(대법원 2017. 6. 8 선고 2016도21389 판결).

랜덤 채팅 앱에서 서로 모르는 사이인 피해자들에게 앱 'B'에 접속해 닉네임

> **" 피해자의 사진을 사용해서 음란성 게시글을 올린다면 피해자에 대한 명예훼손죄도 성립하고, 통신매체이용음란죄도 성립합니다. "**

'D'로 메아리 기능을 이용해 "지금 너무 발정 났는데 나랑 라인으로 폰섹할 사람?"이라는 내용의 음성을 전송해 성적 수치심이나 혐오감을 일으키는 말을 피해자들에게 도달하게 했다는 이유로 통신매체이용음란죄 유죄가 선고된 사안도 있습니다(대전지방법원 2022. 1. 27 선고 2021고단4309 판결).

'리그오브레전드' 인터넷 게임에 접속해 게임을 하던 중 피해자 B에게 위 게임 내 채팅창을 이용해 "ㅂㅈ임?, ㄷㄷ 허벌이고, 말 없는 것 보니깐 진짜 ㅂㅈ임?"이라고 말하고 이에 피해자가 "저 여자인데요, 그만 하세요"라고 말하자 "꼬우면 함주셈"이라고 말해 자기 또는 다른 사람의 성적 욕망을 유발하거나 만족시킬 목적으로 컴퓨터를 이용해 성적 수치심이나 혐오감을 일으키는 말을 피해자에게 도달하게 했다는 이유로 통신매체이용음란죄 유죄가 선고된 사안도 있습니다(울산지방법원 2020. 5. 29 선고 2020고정271 판결).

명예훼손죄도 성립

음부를 촬영한 사진을 휴대전화 카카오톡으로 전송한 행위(춘천지방법원 2020. 4. 21 선고 2019고단1232 판결), 내연관계에 있던 피해자가 결별을 요구하자 피해자와의 유사성행위 장면을 촬영한 동영상을 포함해 피해자를 협박하는 문자메시지를 전송한 행위(인천지방법원 2019. 7. 5 선고 2019노197 판결), 피고인의 휴대전화기 메신저 기능을 이용해 피고인과 피해자 간 성관계 시 피해자의 신음소리가 녹음된 음성 파일을 피해자의 휴대전화기로 전송한 행위(인천지방법원 2019. 1. 9 선고 2018고단7802 판결) 등 이러한 행위들은 모두 통신매체이용음란죄가 적용됩니다. 피해자의 사진을 사용해서 음란성 게시글을 올린다면 피해자에 대한 명예훼손죄도 성립하고, 통신매체이용음란죄도 성립합니다.

[법조문] 성폭력범죄의 처벌 등에 관한 특례법 제13조 자기 또는 다른 사람의 성적 욕망을 유발하거나 만족시킬 목적으로 전화, 우편, 컴퓨터, 그 밖의 통신매체를 통해 성적 수치심이나 혐오감을 일으키는 말, 음향, 글, 그림, 영상 또는 물건을 상대방에게 도달하게 한 사람은 2년 이하의 징역 또는 500만원 이하의 벌금에 처한다.

CHAPTER 3

법적 절차 STEP by STEP

모욕적인 피해를 받거나 명예 훼손을 당해 법적 절차를 진행하기로 마음 먹었다면 이번 챕터를 주목할 것
어디서부터 어떻게 준비해야 할지 막막한 이들을 위해 법적 절차의 준비부터 진행 과정에서
야기되는 상황과 그에 대한 대처법, 변호사 수임 비용, 언론에 피해를 입은 경우 구제 절차까지 알차게 담았다.

준비
PREPARATION

- 고소장 작성/채증/제출 방법
- 고소사실 작성 요령
- 피의자 인적사항 특정의 어려움
- 민사소송 절차 설명
- 방통위 이용자정보제공청구
- 허위사실유포금지가처분
- 변호사 선임, 소송비용

진행
PROGRESS

- 경찰서 출석/경찰처분/검찰송치/법원 증인출석
- 입증책임과 방법
- 승소 시 형사처벌 수준/손해배상책임 수준
- 대응방법

언론 피해 구제 절차
SUCCOUR

- 정정/반론/추후 보도 개관
- 언중위 조정 절차 개관

Legal proceedings A to Z

CHAPTER 3. STEP 1 - 법적 절차 준비

● 고소장 작성/채증/제출 방법

고소는 어디에 어떻게 하나요

명예훼손이나 모욕 피해를 받은 경우 상대방의 처벌을 원한다면 고소장을 작성해 가까운 경찰서 민원실에 제출하면 됩니다. 고소장 서식은 경찰청 민원 포털 사이트(minwon.police.go.kr)의 고객센터 민원 서식 메뉴에서 쉽게 다운로드 받을 수 있습니다. 고소장 서식은 변호사가 아닌 사람도 작성할 수 있도록 작성 요령이 함께 기재되어 있습니다. 정보통신망을 통해, 즉 인터넷상에서 이루어진 명예훼손, 모욕의 경우에는 경찰청에서 운영하는 사이버범죄 신고시스템(ecrm.police.go.kr/minwon/main)을 통해 온라인으로 고소장을 접수할 수 있습니다.

고소장 기재 사항

① 고소인(피해자)의 인적 사항
② 피고소인(가해자)의 인적 사항
③ 고소 취지(죄명)
④ 범죄사실
⑤ 고소하는 이유를 기재하고
⑥ 증거자료를 첨부합니다.

피고소인의 인적 사항 중 주민등록번호와 주소 등을 알지 못하더라도, 가해자의 이름과 연락할 수 있는 전화번호를 기재하면 괜찮습니다. 연락처를 알지 못할 경우에는 수사기관이 인적 사항을 확인할 수 있는 단서를 제공해야 합니다. 인터넷상에서 이루어진 명예훼손, 모욕의 경우에는 인터넷상의 주소(URL)와 아이디 같은 정보를 반드시 제공해야 수사기관이 가해자의 인적 사항을 추적할 수 있습니다.

● 증거자료 수집 시 URL 확인 필수

● 이와 관련해 증거자료를 수집할 때 모바일 기기의 화면만 캡처해 URL을 확인할 수 없는 경우, 스크린샷이나 캡처 이미지를 보기 좋도록 상하좌우를 잘라내서 원본을 찾을 수 없는 경우 등이 있습니다. 이러한 경우에는 증거자료를 다시 수집해야 하는데 시간이 흐른 후에는 해당 게시글이 삭제되거나 찾기 어려워질 수 있습니다. 증거자료 수집 시에는 URL이 확인되도록 캡처하고, URL을 이미지상에 캡처하기 어렵다면 복사해 메모장에 별도로 저장해두어야 합니다.

고소인으로서는 가해자가 누구인지 전혀 알지 못하는 경우에는 적지 않아도 됩니다. 예를 들어 아파트 게시판에 나에 대한 허위 사실이 적힌 게시물을 부착하는 경우입니다. 이때에는 수사기관이 CCTV를 열람하거나 지문을 감식하는 등의 방법으로 가해자가 누구인지 찾을 수밖에 없습니다. 가해자로 의심되는 사람이 있다면 수사 과정에서 합리적인 이유와 함께 의견을 제시하는 것은 괜찮지만, 고소장 단계에서부터 단순한 의심이나 추측만으로 가해자를 지목해 고소할 시에는 무고죄가 될 수도 있으므로 유의해야 합니다.

죄명은 허위 사실 또는 진실한 사실을 공연히 적시해 명예가 훼손된 경우 '명예훼손죄', 사실을 적시하지는 않았지만 사회적 평가가 저하할 만한 추상적 판단이나 경멸적 감정의 표현이 있었다면 '모욕죄'를, 명예훼손이 출판물(신문, 잡지, 서적, 전단 등)을 통해 이루어졌다면 '출판물에 의한 명예훼손죄', 명예훼손이 인터넷상에서 이루어진 경우에는 '정보통신망이용촉진 및 정보보호 등에 관한 법률위반(명예훼손)죄'를 기재하면 됩니다. 고소하고자 하는 범죄사실을 명확하게 적으면 죄명은 추후 수사기관이 다시 정확하게 판단합니다.

● 적극적 증거 물색이 중요

● 범죄사실과 고소 이유는 육하원칙에 맞추어 구체적으로 기재해야 합니다. 허위 사실 적시로 명예훼손 피해를 입었다면, 가해자가 유포한 내용이 왜 허위인지를 설명하는 것이 중요합니다.

증거자료는 ① 명예훼손이나 모욕의 발언이 이루어졌다는 점과 ② 그러한 발언이 허위라는 점 각각에 대해 구비해야 합니다. 만약 A라는 지인이 나에 대한 허위 사실을 이야기하고 다닌 것을 B로부터 전해 들었다면, 일반적으로는 B의 진술서가 증거로 필요합니다. 발언 내용이 허위라는 점을 입증할 증거자료는 개별 사안마다 결정됩니다. 예를 들어, 명예훼손에서 허위성이 다투어지는 내용이 횡령 여부라면 횡령하지 않았다는 점을, 강간 여부라면 강간하지 않았다는 점을, 불륜 여부라면 불륜을 저지르지 않았다는 점을 입증할 수 있는 자료를 제출해야 합니다. "하지 않았다"는 점을 입증할 수 있는 결정적 증거가 존재하는 사건은 드뭅니다. 보통은 그 사건과 관련된 구체적인 경위를 설명하면서 본인의 진술을 뒷받침하는 직접적, 간접적 자료를 모아서 제출하게 됩니다. 고소장 준비 과정에서 가장 자주 듣는 질문 중 하나가 "변호사님 이런 것도 증거가 될까요?"입니다. 고소를 시작하면 허위성 입증이 가장 쟁점이 되는 만큼 자신의 진술을 뒷받침할 수 있는 증거에 대해 적극적으로 물색해야 합니다.

> **TIP**
> 유튜브 등에서 유포된 동영상을 허위 사실로 고소하는 일이 많아지고 있습니다. 그런데 수사기관이 동영상을 전부 재생해서 시청하려면 물리적인 시간이 걸립니다. 한 번 시청한 것만으로는 구체적 내용까지 기억하기 어려운데, 관계자를 조사하거나 보고서를 작성할 때마다 기억을 되살리기 위해서 재생하기란 곤란합니다. 이 때문에 동영상을 제출할 때는 수사기관의 신속하고 충실한 수사를 돕기 위해서 동영상 원본과 함께 속기록을 제출해야 합니다. 동영상 속 발언 외에도 자막 등으로 명예훼손이 이루어지기도 하므로, 필요한 경우에는 화면을 캡처한 출력물도 첨부하는 것이 좋습니다.

CHAPTER 3. STEP 1 - 법적 절차 준비

● 고소 사실 작성 요령

자꾸 고소거리가 안 된다고 반려되는데 어떻게 하나요

명예훼손이 성립하려면 구체적 사실의 적시가 있어야 합니다. A가 직장 동료 B를 가리켜 "저 사람은 야비하다"라고 험담을 했더라도 이는 명예훼손에 해당하지 않습니다. 야비하다는 것은 가치 판단이지 구체적 사실의 적시가 아니기 때문입니다.(90-91p ⇒ 챕터2 Q06 '도둑놈'이라고 욕한 친구, 명예훼손 맞죠?'를 함께 참고하면 좋습니다.) 그렇다면 모욕이 되지 않을까요? 사회적 평가가 저하할 만한 추상적 판단이나 경멸적 감정의 표현은 모욕죄가 성립하므로 요건에 부합하는 것처럼 보입니다. 그러나 대법원은 어떠한 표현이 모욕죄의 모욕에 해당하는지는 상대방 개인의 주관적 감정이나 정서상 어떤 표현을 듣고 기분이 나쁜지 등 명예 감정을 침해할 만한 표현인지를 기준으로 판단할 것이 아니라면서, 야비하다는 표현은 가벼운 수준으로 피해자의 외부적 명예를 침해할 만한 표현이라고 단정하기 어렵다고 판단해 1, 2심의 유죄판결을 파기 환송했습니다.

어떠한 표현이 사실의 적시인지, 추상적 판단인지, 추상적 판단이라면 모욕죄에 해당할 정도인지 아닌지는 개별 사안별로 구체적인 사정을 살펴 결정되고, 법률 전문가들 사이에서도 종종 그에 관한 의견이 일치하지 않을 때가 많습니다. 그러다 보니 고소장에 범죄사실을 적어서 경찰서를 찾아가면, "이런 내용으로는 명예훼손이 성립하지 않습니다", "이걸로는 모욕이 안 돼요", "(인적 사항을 찾아야 하는데) 이걸로는 법원에서 압수수색영장이 안 나와요"라면서 고소 접수가 반려되기 일쑤입니다.

● **"구체적 사실을 찾아라"**
● 고소를 하고 싶다면 상대방이 적시한 '구체적 사실'이 무엇인지 찾는 것이 우선입니다. 만약 아래와 같은 리뷰가 올라왔다면 고소할 수 있을까요?

> 지난 금요일 ABC셰프가 새로 오픈한 오마카세 가게를 방문했습니다. 비싸기로 유명한 곳이죠. 모든 재료를 일본에서 그날그날 비행기로 공수한다고 하는데, 냉장고에 며칠 묵힌 재료처럼 신선도도 떨어지고 식감도 안 좋더라구요. 게다가 음식 나오는 속도가 너무 빠른데, 다 먹기도 전에 다음 접시를 내놓아서 빨리 먹고 나가라는 것처럼 느껴져서 불쾌했습니다. 다른 서비스도 별로였어요. ABC 돈 많이 벌더니 자기 이름만 붙이면 거지 같은 음식과 서비스여도 손님들이 그 돈 내고 호구처럼 계속 먹을 줄 아나 봅니다. 다시는 방문 안 합니다.

먼저, 윗 글에서 사실의 적시와 추상적 판단을 구분해 놓아야 합니다. 예를 들어, "냉장고에 며칠 묵힌 재료처럼 신선도도 떨어지고 식감도 안 좋다"는 문장은 사실의 적시일까요? 가치 판단으로 보는 것이 일반적입니다. 175cm의 키를 누군가는 크다고 판단할 수도, 작다고 판단할 수도 있습니다. 본인의 기대에 비해 신선도와 식감이 만족스럽지 않다는 평가라고 볼 수 있습니다. 변호사가 이렇게 설명해도 셰프 입장에서는 본인 가게의 재료들이 결코 "냉장고에 며칠 묵힌 정도"의 신선도와 식감이 아니기 때문에, 이는 가치판단이나 평가가 아닌 입증 가능한 구체적 허위 사실의 적시라고 생각할 수 있습니다. 그러나 어떠한 표현에서 입장표명이라는 요소가 결정적이라면 그 표현은 사실의 적시라고 볼 수는 없고 의견 또는 평가의 표명으로 보아야 한다는 것이 법원의 입장입니다. 실제 사례가 아닌 가상의 리뷰이기 때문에 수사기관이나 법원이 어떻게 판단했는지 답이 존재하지 않지만, 구체적 사실의 적시라는 셰프의 주장은 받아들여지지 않을 가능성이 큽니다.

그러면 "음식을 다 먹기도 전에 다음 접시를 내놓아서 빨리 먹고 나가라는 것처럼 느껴져서 불쾌했다"는 어떨까요? 불쾌하다는 표현이 있으니 감정 표현일까요? 오히려 이 문장은 불쾌하다는 감정 표현의 전제가 되는 "음식을 다 먹기도 전에 다음 접시를 내놓았다"는 부분이 구체적 사실의 적시가 될 수 있습니다. 일정한 의견을 표명하면서 그 의견의 기초가 되는 사실을 따로 밝히고 있는 표현행위는 적시된 기초 사실만으로 타인의 사회적 평가가 침해될 수 있어 명예훼손이 성립할 수 있다는 것이 법원의 입장입니다.

● **"평가 훼손 여부를 판단하라"**
● 위와 같이 하나의 글이나 말에서 사실과 의견을 구분했다면, 그러한 사실이 나의 사회적 가치에 대한 외부적 평가를 훼손했는지 여부를 판단해야 합니다. 음식을 다 먹기도 전에 다음 접시를 내놓은 사실이 없다면, 이는 허위 사실이지만 그러한 사실이 셰프인 나의 사회적 가치에 대한 외부적 평가를 훼손한 것일까요? 아마 수사기관이나 법원은 그것이 허위라 하더라도 경미한 수준이어서 명예가 훼손될 정도는 아니라고 볼 가능성이 높습니다. 그러면 마지막으로 "돈 많이 벌더니 자기 이름만 붙이면 거지 같은 음식과 서비스여도 손님들이 그 돈 내고 호구처럼 계속 먹을 줄 아나 봅니다"라는 문장은, 모욕죄가 될 수 있을까요? 경계선상에 있는 표현으로 법률 전문가들도 의견이 갈릴 것으로 생각됩니다.

위 예시는 짧은 글이지만, 실제 사례에서는 글의 내용이 길거나 표현이 모호해 '무슨 말을 하고자 하는지' 파악하는 것조차 어려운 경우도 많습니다. 상대방이 사실관계를 왜곡, 과장해 부정적인 인상을 주는 글을 쓴 것이 분명함에도, 사실의 적시가 아닌 판단이라는 이유로 고소가 제대로 진행되지 않는 경우가 허다합니다. 허위에 해당하는 구체적인 사실을 무엇으로 특정하느냐에 따라 처벌 여부가 달라지게 되므로, 고소장 작성 시 가장 공을 들여서 살펴봐야 하는 부분입니다.

CHAPTER 3. STEP 1 - 법적 절차 준비

● 피의자 인적 사항 추적
●
고소를 해도 못 찾아서 소용이 없대요

인터넷 공간에서의 명예훼손 범죄를 고소하더라도 수사기관이 가해자의 인적 사항을 찾지 못하면 처벌할 수 없습니다. 수사기관은 고소장이 접수되고 범죄사실이 소명되면 범인의 발견을 위해 통신비밀보호법에 근거해 법원에 통신사실확인자료 제공 요청에 관한 허가를 받아, 전기통신사업자에게 통신사실확인자료의 열람이나 제출을 요구하게 됩니다. 실무에서는 이러한 통신사실확인자료 제공요청 허가 절차를 통신영장 발부라고 표현하기도 합니다.

'통신사실확인자료'란 가입자의 번호, 누구와 언제 얼마나 통화했는지 확인할 수 있는 통화 내역, 인터넷사이트 접속이나 이용 기록(로그 기록), 핸드폰으로 통화한 위치(발신기지국 위치추적 자료), 인터넷 접속지(IP), 추적자료 등을 가리킵니다(통신비밀보호법 제2조 제11호). 전기통신사업자는 SKT, KT, LGU+ 같은 기간통신사업자, 포털사이트, 게임사이트, 온라인쇼핑몰, 커뮤니티 등을 운영하는 부가 통신사업자들을 의미합니다.

● **어디에나 방법은 있어**
● 통신사실확인자료를 제공받으면 가해자의 인적 사항을 쉽게 찾을 수 있는 것처럼 보이지만 실제로는 만만치 않습니다. 인터넷사이트에 가입할 때 주민등록 정보나 성명, 주소지, 전화번호 등 인적 사항을 특정할 수 있는 정보를 입력해 부여된 아이디로 글을 썼다면 비교적 추적이 쉬울 수 있습니다. 그러나 인터넷 공간에

서 작성되는 많은 게시글과 댓글은 로그인하지 않은 상태로 작성되거나, 주민등록번호 같은 인적 사항의 입력 없이 가입이 가능하기도 합니다. 외국 사업자들은 자신들이 대한민국의 통신비밀보호법을 준수할 의무가 없다고 판단해 수사기관의 통신사실확인자료 제공 요청에 응하지 않는 경우가 많습니다. 이 때문에 커뮤니티에 로그인하지 않고 작성한 게시글이나 페이스북, 인스타그램, 트위터, 유튜브, 블라인드, 텔레그램으로 유포한 글에 대해서는 인적 사항을 추적할 수 없다고들 알고 있기도 합니다. 최근에는 일반적인 웹브라우저로 접근할 수 없어 익명성이 보장되도록 설계된 다크웹이 생겨나기도 했습니다.

그러나 범죄자들의 기술이 발달하는 만큼 수사기관도 새로운 수사기법을 도입하고 국제수사 공조를 통해 이러한 범죄를 추적하기 위해 노력하고 있습니다. 인터넷 사용에 익숙한 명예훼손 피해자들은 적은 수의 정보를 기초로 온라인상에 흩어진 방대한 정보를 뒤져 가해자의 인적사항을 특정하는 데에 성공하기도 합니다. 변호사로서 의뢰인을 위해 고소를 준비하면서 익명으로 작성된 게시글임에도 불구하고, 온라인 정보를 뒤져 가해자 사진이나 대략적인 주소까지 찾아낸 사례도 종종 있습니다. 커뮤니티에 로그인하지 않고 글을 썼다고 해서 인적 사항을 찾을 수 없다는 것은 정확하지 않은 정보이고, 외국 사업자가 운영하는 SNS 등에 글을 쓴 경우에도 가해자의 인적 사항을 찾을 방법이 없지는 않습니다.

외국사업자들을 상대방으로 직접 명예훼손 등 불법행위 방조에 관한 책임을 묻는 민사소송을 제기해 불법 게시물을 차단, 삭제하거나 가해자 인적사항을 찾는 방법을 시도하는 것도 검토해볼 수 있습니다.

이와 관련, 독일에서는 비방과 가짜뉴스를 막는 데에 소셜네트워크 사업자의 책임이 중요하다고 판단해 소셜네트워크법(Netzwerkdurchsetzungsgesetz)을 제정하여 2018년 1월 1일부터 시행하고 있습니다. 소셜네트워크법에 따르면 페이스북, 유튜브, 트위터처럼 독일 내 이용자가 200만명 이상인 소셜네트워크 사업자는 불법 게시물 신고 접수 후 24시간 내에 해당 게시물을 삭제하거나 차단할 의무를 부담하게 됩니다. 소셜네트워크법이 당초 입법 목적을 달성하기에 적절하거나 효과적인 방법인지, 표현의 자유에 대한 지나친 제한이 아닌지 여부는 여전히 논의의 대상입니다. 그러나 사이버범죄의 폐해로 표현의 자유가 위협을 받으면서 세계 각국에서는 유사한 논의와 시도가 이루어지고 있습니다. 미국 연방 대법원도 최근 인터넷 서비스 제공 회사가 서비스 사용자의 게시물에 책임이 없다는 면책권을 규정한 통신품위법(Communications Decency Act) 제230조를 심리하기로 결정했습니다. 국내에서도 포털사이트사업자 등을 상대로 명예훼손이나 저작권법위반 방조에 관한 책임을 묻는 소송이 꾸준히 제기되어 왔는데, 입법 논의가 보다 활발하게 이루어져야 할 것입니다.

CHAPTER 3. STEP 1 - 법적 절차 준비

● 민사소송 절차

민사소송은 형사 고소랑 다른 건가요

드라마 속 재판 풍경에는 검사가 당사자로 등장할 때가 많습니다. 그러나 모든 재판에 검사가 참석하지는 않습니다. 검사가 참석하는 재판은 형사소송입니다. 고소인은 이러한 형사소송의 당사자가 아닙니다. 고소인은 수사기관에 고소장을 제출하고, 수사기관이 독립적인 수사를 통해 실체적 진실을 직권으로 찾아내도록 해, 피고소인에게 범죄 혐의가 있다고 인정할 수 있는 경우 형사재판을 통해 '처벌'을 하도록 요구할 뿐입니다.

반면, (허위 사실 적시 명예훼손과 관련된) 민사소송은 대등한 당사자가 법원에서 각자의 주장을 펼친 후 판사의 판결을 통해 일방 당사자가 상대방에게 금전 손해배상을 하도록 하고(민법 제763조), 경우에 따라서는 명예 회복에 필요한 적절한 조치(민법 제764조)를 취하도록 하는 절차입니다. 이때 소의 제기는 피해자가 자유롭게 결정하는 절차라는 점에서 형사재판의 시작을 알리는 공소제기 절차와 큰 차이가 있습니다. 비법조인 입장에서 형사고소도 민사소송도 낯설기는 마찬가지입니다. 그래도 형사고소는 수사기관이 주도하면서 절차를 안내하고 도움을 주지만, 민사소송은 피해자가 직접 모든 것을 주도적으로 해야 합니다.

TIP
- 형사고소를 하는 이유는 가해자가 국가로부터 처벌(벌금, 징역 등) 받도록 하려는 것입니다. 민사소송을 하는 이유는 가해자로부터 피해에 대해 금전으로 배상 받기 위한 것입니다.
- 형사고소를 위해 제출하는 서류의 명칭은 '고소장'이고, 민사소송을 시작하기 위해 제출하는 서류의 명칭은 '소장'입니다. 고소장과 소장은 다른 서류입니다.
- 고소장은 경찰서(수사기관)에, 소장은 법원에 제출합니다.
- 형사재판의 당사자가 검사와 피고인이라면, 민사재판의 당사자는 원고와 피고입니다. 피고와 피고인은 다른 용어입니다.

● **민사소송 절차**
● 민사소송 절차는 개략적으로 다음과 같이 진행됩니다.

- ▽ 소의 제기(소장 제출)
- ▽ 상대방의 답변서 제출
- ▽ 변론기일 지정
- ▽ 양 당사자의 기일 출석(1회 이상 진행 가능)
- ▽ (필요시 추가 공방)
- ▽ (화해권고결정 등)
- ▽ 판결 선고

민사소송에서 제출하는 소장에는 원고가 피고에게 무엇을 해달라고 요구하는지를 적는 '청구취지' 란과, 원고가 피고에게 그러한 요구를 하는 이유가 무엇인지 적는 '청구원인' 란이 존재합니다. 청구취지 예시는 아래와 같습니다.

민사소송과 형사고소, 둘 다 진행이 가능할까요? 둘 중에 어떠한 절차를 진행하는 것이 좋을까요?라고 묻는 의뢰인들이 종종 있습니다. 민사소송과 형사고소 두 가지 절차를 모두 진행할 수 있고, 동시에 시작하거나 또는 시간 차이를 두고 진행할 수도 있습니다. 형사고소는 수사기관이 주체가 되어 가해자의 인적 사항을 찾고 혐의사실을 입증할 수 있는 증거자료를 수집합니다. 민사소송은 피해자가 원고로서 주체가 되어 가해자인 피고가 불법행위를 저질렀다는 점을 주장하고 입증해야 합니다. 아무래도 피해자 입장에서는 공권력의 도움을 받을 수 있는 형사고소를 선호하게 되고, 형사고소를 먼저 시작한 다음 그 결과와 자료를 토대로 민사소송을 제기하는 경우가 많습니다.

그러나 수사기관이 가용할 수 있는 인적 자원에는 한계가 있습니다. 당사자들 간에 오랜 시간 공방을 거듭해 온 복잡한 사실관계의 사건에 대해서는 아무래도 수사기관이 당사자 본인만큼 깊은 속사정을 알고 세세하게 파고들기 어렵습니다. 형사고소 사건에서 무혐의 처분(불송치 결정)이 먼저 내려지면, 민사재판에서 그 결과를 뒤집기는 쉽지 않습니다. 이 때문에 사실관계나 법적 쟁점에 관해 다툼이 많은 명예훼손 분쟁의 경우, 원고가 해당 사실관계에 관한 증거자료를 확보하고 있다면 형사고소를 하는 대신 민사소송만 제기하는 전략을 선택하기도 합니다.

1. 피고는 원고에게 XX,000,000원 및 이에 대해 20XX. XX. XX.부터 이 사건 소장 부본을 송달일까지는 연 5%의, 그다음 날부터 다 갚는 날까지는 연 12%의 각 비율에 의한 금원을 지급하라.
2. 소송비용은 피고가 부담한다.
3. 제1항은 가집행할 수 있다.
라는 판결을 구합니다.

CHAPTER 3. STEP 1 - 법적 절차 준비

● 방통위 이용자 정보제공 청구

소송하기 전 상대방 인적 사항을 확인할 방법이 있다는데요

정보통신망법은 정보통신망을 통해 유통된 정보로 사생활 침해 또는 명예훼손 등 권리를 침해 당한 경우 피해자가 민·형사상 소를 제기하기 위해 정보통신 서비스 제공자에게 그가 보유한 이용자(가해자)의 정보를 제공해줄 것을 청구하는 절차를 마련하고 있습니다(동법 제44조의 10).

형사 고소의 경우 가해자의 성명, 주소 같은 인적 사항을 모르더라도 고소장을 접수할 수 있고 이후 수사기관이 인적 사항을 추적하지만, 민사 소송의 경우 피고의 인적 사항을 알지 못하는 상태에서는 소송이 진행될 수 없습니다. 형사 처벌 대상이 아닌 사생활 침해, 친고죄로 6개월의 고소 기간을 넘긴 모욕, 죄형법정주의를 엄격하게 적용하면 형사상 명예훼손죄가 성립하기는 어렵지만 민사상 불법행위에 해당할 수 있는 비방이나 도를 넘은 인신공격 등과 같은 피해를 입었거나 형사 고소가 가능하지만 형사 절차는 진행하기를 희망하지 않는 경우라면, 민사소송 제기 전에 위와 같은 이용자 정보제공 청구 절차를 이용하면 유용합니다.

● **이용자 정보제공 청구 절차**
● 이용자 정보제공 청구를 희망하는 경우
　1)청구서를 작성해 방송통신심의위원회 명예훼손분쟁조정부(이하 조정부)에 방문 또는 우편 제출하거나 홈페이지(remedy.kocsc.or.kr)를 통해 제출할 수

있습니다. 변호사 등 대리인을 통해 청구하는 것도 가능합니다.

    2) 청구서 접수 시에는 침해 사실에 대해 소명해야 합니다. 상대방의 인적 사항을 알려주는 것이기 때문에 권리침해 사실의 소명을 요구합니다. 청구서 접수 시에는 형사고소 또는 민사소송 소장에 준해 증빙자료를 갖추고 사실관계를 충분히 설명해야 합니다. 소명이 부족한 경우에는 조정부에서 주장과 자료의 보완을 요구하기도 합니다.

    3) 조정부는 조사를 거쳐 청구를 각하 또는 기각하거나, 청구를 받아들여 이용자 정보제공을 결정합니다.

    4) 이용자 정보제공 결정이 이루어지면 조정부는 정보통신 서비스 제공자에게 소송을 제기하기 위한 성명, 주소 등의 정보를 제공할 것을 요청하고, 이를 받아 이용자에게 제공합니다. 정보통신 서비스 제공자가 이런 정보를 보관하고 있지 않거나 잘못된 정보를 보관하고 있는 경우에는, 인적 사항을 찾지 못할 수 있습니다.

주의할 것은 이용자 정보제공 청구를 통해 제공받은 정보는 민·형사상의 소를 제기하기 위한 목적으로만 사용해야 하고 다른 용도로 사용할 경우 정보통신망법에 따라 처벌받을 수 있습니다.

TIP

온라인 공간에서 익명의 가해자들로부터 명예훼손을 당한 경우, 여러 명을 고소하게 됩니다. 이때 피해자가 1명이라는 이유로 1개의 고소장을 제출하는데, 가해자 수 기준으로 고소장을 제출하는 편이 좋습니다. 피해자는 보통 가까운 관할서에 고소장을 제출하지만, 가해자의 인적 사항이 파악되면 가해자 주소지로 사건이 이송됩니다. 가해자의 편의를 위해서라기보다는 형사소송법상 토지관할을 범죄지와 피고인의 주소지로 정하고 있기 때문에 가해자 주소지 관할 경찰서에서 수사하는 것이 원칙입니다. 가해자가 여러 명이고 모두 관할 경찰서가 다르면, 1개의 사건을 여러 건으로 나누어야 하기 때문에, 온라인 명예훼손 사건은 고소장 제출 시 가해자(아이디) 수 기준으로 고소장을 작성해 여러 건을 제출해달라고 요구하는 일이 많습니다. 아이디는 여러 개이지만 1명의 소행으로 의심되는 경우도 있습니다. 그러나 이 경우에도 인적 사항을 확인하기 전까지는 추정에 불과하므로 아이디 수 기준으로 고소장을 작성해 접수하는 편이 좋습니다.

CHAPTER 3. STEP 1 - 법적 절차 준비

● 허위 사실 유포금지 가처분

고소는 나중에 하고 당장 허위 사실 유포부터 막아야 해요

변호사들이 가장 많이 받는 질문 중 하나가 "변호사님 앞으로 얼마나 걸릴까요?"입니다.

2021년 이전에는 형사고소를 제기하면 6개월 이내에 사건 결과가 나오는 편이었습니다(경찰의 불송치 결정 또는 검사의 공소제기). 코로나19의 영향으로 대면 조사가 제한되는 기간 동안 사건이 적체되고, 2021년 형사소송법 개정으로 검찰의 수사 범위가 줄어들어 경찰이 그만큼 많은 업무를 맡게 된 이후부터는 그 기간이 길어졌습니다. 복잡한 사건의 경우에는 수사 기간이 1년이 넘는 일도 많습니다. 수사가 끝이 아닙니다. 검사가 법원에 공소를 제기하면 형사재판이 시작됩니다.

증인을 부르거나 사실조회, 문서 송부 촉탁처럼 증거 수집을 위한 절차를 진행하게 되면 6개월에서 1년이 걸립니다. 이 기간은 1심만을 의미합니다. 법원은 심급제이고 3심까지 있기 때문에 검사와 피고인 중 누군가 상소를 하게 되면, 대법원에서 판결이 최종 확정될 때까지 몇 년이 흐르기도 합니다. 대법원에서 파기환송되기도 하고, 10년 넘게 소송을 하는 경우도 간혹 있습니다.

민사소송으로 손해배상청구소송을 제기하면 소장이 상대방에게 송달되고 답변서가 처음 제출될 때까지의 기간만 1~2개월이 걸립니다. 민사소송 기간도 형사재판과 비슷합니다.

이렇게 오래 재판해서 가해자가 처벌받거나 손해를 배상 받으면 나의 피해는 회복될까요? 뉴미디어의 시대에 허위 사실은 빠르게 유포되고 그만큼이나 빠르게 휘발됩니다. 물의를 빚고 자숙하다 돌아온 연예인들이 무

슨 일로 활동을 중단했는지 기억하기 어려운 세상입니다. 몇 년이 지나 허위 사실이 맞다는 법원 판단을 받더라도, 사람들은 더 이상 그 진실에는 관심이 없습니다. 그저 나에 관해 예전에 문제가 있던 사람이라는 인상만 남을 뿐입니다.

● 허위 사실 유포금지 가처분 제기 검토 가능

허위 사실 유포를 막기 위해서 정보통신망법상 임시 조치를 취하는 것이 일반적입니다 (50-51p → 챕터1 CASE 11 '인터넷에 퍼지는 허위 사실'을 함께 참고하면 좋습니다.) 그러나 외국 사업자가 운영하는 사이트의 경우 이러한 임시 조치가 어려운 경우가 많습니다. 현수막을 걸거나 전단을 유포하는 것처럼 정보통신망을 통해 이루어지지 않는 명예훼손 사례도 아직 많습니다. 악의적인 경우에는 임시 조치로 대응할 수 없을 정도로 많은 게시글을 자동으로 생성해내기도 합니다. 이럴 때 만약 가해자의 인적 사항을 안다면 허위 사실 유포금지 가처분 제기 여부를 검토해볼 수 있습니다.

'가처분'이란 민사집행법상 보전처분의 한 종류로, 판결이 있을 때까지 손해가 발생하는 것을 방지할 목적으로 일시적으로 현상을 동결하거나 임시적 법률관계를 형성하게 하는 재판입니다. 가처분을 신청하기 위해서는 '보전의 필요성'이 인정되어야 합니다. 민사집행법은 이에 관해 "현저한 손해를 피하거나 급박한 위험을 막기 위해 또는 그 밖의 필요한 이유가 있을 경우"로 규정하고 있습니다. 허위 사실이 유포되면 사후적인 가해자에 대한 형사처벌이나 금전 배상으로 회복될 수 없는 손해가 발생하므로, 보전의 필요성은 상대적으로 인정되는 편입니다.

그러나 가처분도 민사소송법이 준용되는 절차인 만큼 상대방이 유포한 사실이 허위라는 점에 대해서는 가처분을 신청하는 피해자가 입증책임을 부담합니다. 가처분 절차는 신속성을 요하므로 심문기일이 생략되거나 1회 심문기일로 종결하게 되는데, 그렇게 짧은 절차에서 신청인이 허위 사실을 입증하기는 쉽지 않습니다. 또한 대한민국 헌법은 언론·표현의 자유를 보장하고 있기 때문에, 법원은 '그러한 말을 더 이상 하지 말아라'는 판단을 내림에 있어 신중할 수 밖에 없습니다. 허위 사실유포금지 가처분이 인용되려면, 이미 법원에서 확정된 판결로 허위 사실이 인정되었음에도 가해자가 이를 수긍하지 않고 허위 사실을 계속 유포하는 경우라거나, 가해자가 소위 '지라시'만 보고 검증을 거치지 않은 채 허위 사실을 유포했다거나 추측으로 허위 사실을 유포한 경우처럼, 법원이 짧은 절차 내에서 허위라는 점을 확신할 수 있는 내용이어야 합니다.

허위 사실 유포금지 가처분 사건에서 법원의 주문 예시는 아래와 같습니다. 제2항의 경우는 간접강제명령으로 가처분 결정에도 불구하고 채무자(가해자)가 가처분에서 명한 내용을 위반할 개연성이 높은 경우 인용됩니다.

1. 채무자는 별지 목록 기재와 같은 내용이 담긴 유인물, 전자문서를 배포하거나 같은 내용이 담긴 게시물을 공개된 인터넷 게시판에 게시해서는 아니 된다.
2. 채무자가 제1항을 위반할 경우 채무자는 채권자에게 위반행위 1회당 X00,000원을 지급하라.
3. 소송비용은 채무자가 부담한다.

CHAPTER 3. STEP 1 - 법적 절차 준비

● 변호사 선임, 소송비용

소송을 하는데 변호사 도움이 꼭 필요한가요

변호사를 선임하지 않더라도 혼자서 형사고소나 민사소송을 진행할 수 있습니다. 수사기관(경찰)에 형사고소를 접수하면 이후 절차는 수사관이 주도하기 때문에 수사관의 안내에 따라 고소인 조사를 받고 요청 받은 자료를 제출하면 됩니다. 민사소송의 경우 법원에서 운영하는 나홀로소송(pro-se.scourt.go.kr) 사이트 등의 도움을 받아서 서류를 작성하고 접수하는 것이 가능합니다.

변호사가 있으면 당연히 도움이 됩니다. 누구나 돈이 충분하다면 변호사를 선임해 형사고소와 민사소송을 진행할 겁니다. 결국 문제는 '돈을 들여 변호사를 선임할 가치가 있느냐'일 것입니다.

● **전문가 도움으로 고소 과정 원활할 수 있어**
● 명예훼손 소송은 허위 사실을 어떻게 특정하느냐에 따라 그 승패가 달라집니다 (114-115p → '고소 사실 작성 요령'을 함께 참고하면 좋습니다.) 기자처럼 훈련된 사람이 작성하지 않는 글은 무엇을 말하는지 분명하지 않을 때가 많습니다. 글에 부정적 뉘앙스를 잔뜩 풍기고는 있는데 정작 무엇이 잘못되었다는 것인지 알맹이는 빠져 있습니다. 당한 사람은 억울한데 정작 고소장을 써서 가져가면 고소가 안 된다는 답변을 받기 일쑤입니다. 전문가인 변호사의 도움을 받으면, 해당 글이 그 전체 취지에 비추어 어떠한 허위 사실의 존재를 암시하는지 특정하는 것이 좀 더 쉬워집니다.

명예훼손 소송은 특성상 유포된 사실이 허위라는 점을 설명하고 입증하는 1차 책임을 피해자가 부담합니다

(128-129p ➡) '입증책임과 방법'을 함께 참고하면 좋습니다.) 상대방 가해자가 계속 사실을 왜곡해서 변명하고 증거를 조작하는 것에 효과적으로 대응하지 못하면 수사기관이나 법원은 진실을 알기 어려워지고, 입증 부족은 패소의 결과로 돌아옵니다. 변호사들은 동종의 여러 사건을 수행한 경험이 있는 만큼, 비전문가인 당사자에 비해 수사기관이나 법원이 어떠한 점에 관해 왜 의문을 가지고 있는지 비교적 정확하게 이해하고, 그러한 의문을 해소하려면 무엇을 해야 하는지 당사자에게 조언할 수 있습니다.

형사 재판에서 상대방 가해자가 어떠한 주장을 하는지 알지 못하면 대응할 수 없기 때문에 변호사는 피해자 대리인으로서 당사자 본인을 대신해 법정에 방청을 가거나 재판기록을 등사 신청해 가해자의 주장을 확인하고, 검사로서는 알 수 없는 사정을 검사에게 전달해 법원에 제출할 수 있도록 합니다.

● **변호사 보수를 가해자에게 보전받기는 힘들어**
● 물론 여전히 문제는 돈입니다. 명예훼손 사건은 금전이 달린 재산 범죄도 아니고, 생명이나 신체에 피해를 본 사건도 아닙니다. 변호사가 위에서 말한 저런 업무를 전부 해주려면 결국 많은 보수가 발생할 수밖에 없는데, 대부분 사람은 본인의 명예를 위해 그렇게 큰돈을 지출하기가 어렵습니다.

가해자에게 명예훼손 책임이 인정되면, 내가 지출한 변호사 보수를 회수할 수 있을까요? 국가에서 운영하는 피해자 국선변호사 제도는 성폭력, 아동학대 등의 일부 범죄에 관해서만 운영됩니다. 범죄피해에 대한 구조금 제도는 범죄로 인해 사망, 장해, 중상해를 입은 경우 지원됩니다. 형사재판에서 유죄판결을 선고하면서 피해자의 신청에 따라 범행으로 인한 손해배상을 명령하는 배상명령 제도가 존재하나, 배상 금액에 변호사 비용이 포함되지는 아니하며 그 대상이 되는 범죄에 명예훼손죄나 모욕죄는 해당하지 않습니다. 즉, 형사고소에 따른 수사 및 재판 단계에서 지출하는 변호사 보수를 가해자로부터 보전 받기는 어렵습니다. 방법이 있다면 형사고소 이후 합의가 이루어지는 과정에서 변호사 보수를 합의금에 포함하는 것입니다. 대한법률구조공단(klac.or.kr), 대한변협 법률구조재단(legalaid.or.kr)에서 법률상담과 무료 소송대리 등 법률서비스를 지원하므로 지원 요건이 된다면 이를 이용하는 방법도 있습니다.

반면, 민사소송의 경우 법원이 판결을 선고하면서 소송비용을 원고와 피고 중 누가 부담할지를 주문에 기재하고, 전부 승소하였다면 이에 따라 상대방으로부터 소송비용을 반환 받을 수 있습니다. 소송비용에는 인지(印紙) 금액, 송달료, 감정비용, 증인비용(출석한 증인에게 지급하는 여비), 변호사 보수가 포함됩니다. 그러나 내가 지출한 변호사 비용 전부를 반환하는 것이 아니고 「변호사 보수의 소송비용 산입에 관한 규칙」의 기준에 따라 산정된 금액만을 반환합니다.

패소자가 부담하는 변호사 비용의 산정방법

소송물 가액	소송비용 산입비율
300만원까지 부분	30만원
300만원 초과해 2000만원까지 부분 [30만원 + (소송목적의 값 - 300만원) x 10/100]	10%
2,000만원을 초과해 5000만원까지 부분 [200만원 + (소송목적의 값 - 2000만원) x 8/100]	8%
5000만원을 초과해 1억원까지 부분 [440만원 + (소송목적의 값 - 5000만원) x 6/100]	6%
1억원을 초과해 1억5000만원까지 부분 [740만원 + (소송목적의 값 - 1억원) x 4/100]	4%
1억5000만원을 초과해 2억원까지 부분 [940만원 + (소송목적의 값 - 1억5000만원) x 2/100]	2%
2억원을 초과해 5억원까지 부분 [1040만원 + (소송목적의 값 - 2억원) x 1/100]	1%
5억원을 초과하는 부분 [1340만원+ (소송목적의 값 - 5억원) x 0.5/100]	0.5%

CHAPTER 3. STEP 2 - 법적 절차 진행

- 경찰서 출석/경찰 처분/
- 검찰 송치/법원 증인 출석

고소한 이후에 어떻게 되나요

● **수사 단계**

경찰은 고소장이 접수되면 보통 추가 진술을 위해 고소인에게 경찰서에 출석해 고소인 조사를 받을 것을 요구합니다. 고소인의 직접 출석이 어려운 특별한 사정이 있다면 간혹 대리인이 출석해 진술하거나 서면 조사로 대체하기도 합니다. 그러나 피해자 본인이 아닌 대리인은 경험자로서 사건 내용을 진술하는 데에 한계가 있고, 서면 조사는 질문자의 의도에 맞는 답변을 충분하게 확보하기 어렵습니다. 고소하면 이후 한 번은 경찰서를 방문해야 할 가능성이 큽니다.

경찰은 고소인 조사 후 피고소인을 소환해 조사하고, 필요한 경우 고소인과 피고소인을 대질하기도 합니다. 제3의 참고인이 있다면 참고인을 조사하기도 하고, 고소인과 피고소인에게 자료 제출을 요구하기도 합니다.

TIP 2021년 1월 1일부터 형사소송법과 검찰청법이 개정되어 검찰과 경찰의 수사권 내용에 조정이 이루어졌습니다(검·경 수사권 조정). 이전에는 경찰 단계에서 수사가 종료되더라도 경찰은 기소 또는 불기소 의견을 밝혀 사건을 검찰에 송치했고 검사가 수사 종결 여부를 판단했습니다. 검·경 수사권 조정 이후에는 경찰도 일정한 범위에서는 수사를 종결할 수 있게 되었습니다. 경찰은 범죄 혐의가 인정되지 않는다고 판단할 경우에는 과거와 달리 검찰에 사건을 송치하지 않는다는 불송치 결정을 할 수 있습니다.

경찰이 고소 사건을 수사한 이후 절차는 매우 개략적으로 설명하면 아래와 같습니다(검사와 사법경찰관의 상호협력과 일반적 수사준칙에 관한 규정 제51조).

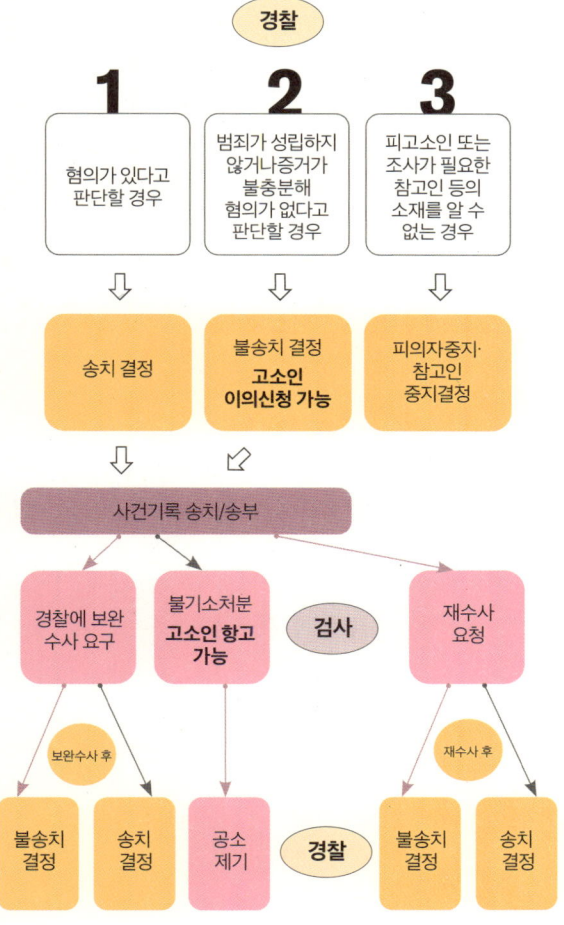

● **재판 단계**

검사가 피고소인에게 혐의가 있다고 판단해 법원에 공소를 제기(기소)하면, 법원은 기일을 지정해 검사와 피고인에게 통지합니다. 피고인은 공판 기일이 열리면 법원에 출석해 공소사실을 인정하는지, 검사가 제출한 증거를 인정하는지 의견을 밝힙니다.

만약 피고인이 수사기관에서 작성된 고소인의 진술조서를 증거로 사용하는 데에 동의하지 않는다고 의견을 밝히면, 검사는 고소인을 증인으로 신청해 신문합니다. 피고인이 어떠한 문서에 관해 위조 주장을 하면 감정을 하기도 하고, 공무소나 공사단체에 필요한 정보나 서류 제출을 요구하기도 합니다. 피고인 측에서 자신의 무죄를 입증할 자료를 제출하거나 증인을 신청하기도 합니다. 이러한 절차는 여러 기일에 거쳐 진행되고, 법원 기일은 보통 1~2개월 한 번 잡히기 때문에 6개월에서 1년 넘게 재판을 하는 때도 있습니다.

위와 같이 증거조사가 종료되면 마지막으로 피고인에 대해 신문하고(생략 가능), 검사가 피고인에게 내려져야 할 형벌에 대한 의견을 밝힌 후, (구형) 변호사의 최후변론과 피고인의 최후진술을 거쳐 변론을 종결합니다. 선고 기일은 별도 지정됩니다. 검사와 피고인은 법원의 판결에 대해 불복할 수 있으며, 1심, 2심, 3심에 걸쳐 총 3번의 재판을 받을 수 있습니다.

피해자는 기소 이후 대법원 홈페이지(scourt.go.kr)의 '나의 사건 검색'을 통해 위와 같은 재판 진행 경과를 조회할 수 있습니다. 피해자는 검사나 피고인 측이 자신을 증인으로 신청하지 않더라도, 진술을 원하는 경우 법원에 신청해 증인으로 출석해 자신의 피해를 진술할 수 있습니다. 재판장에 신청해 소송기록을 열람하거나 복사할 수도 있습니다.

CHAPTER 3. STEP 2 - 법적 절차 진행

● 입증책임과 방법

피해자인 저에게 허위 사실을 입증하랍니다

고소인을 대리해 명예훼손 사건을 수행하다 보면 '수사기관이 왜 압수수색을 하지 않느냐'는 불만을 토로하는 분들이 있습니다. 고소인과 피고소인 간에 허위 사실이 다투어지는 내용이 있는데, 그 내용을 입증할 문서가 피고소인 집에 있으니 압수수색으로 뒤지면 나올 거라고 하면서요.

물론 수사기관은 피의자를 체포, 구속하거나 증거물을 압수, 수색, 검증할 수 있는 강력한 강제 수사권을 보유합니다. 그러나 우리 형사소송법에서 수사는 원칙적으로 임의수사에 의하고, 강제수사는 법률에 규정된 경우에 한해 필요한 최소한의 범위 안에서만 허용된다고 정하고 있습니다. 특히 고소 사건의 경우에는 고소인의 주장으로 수사가 개시되기 때문에, 수사기관 입장에서는 고소인의 주장만으로 강제수사권을 발동한다는 결정을 내리기 쉽지 않습니다. 주거지 수색을 당해본 분이 많지 않을 텐데 어느 날 가족들과 함께 사는 집에 수사기관이 찾아와 옷장과 서랍 등을 하나하나 전부 열어보면서 온 집을 훑어보고 가는 것은 보통의 일이 아닙니다. 범죄혐의가 옅은 사람에 대해서까지 진실을 파헤쳐야 한다는 이유로 강제 수사권을 발동하는 것은 지나칩니다. 명예훼손죄뿐 아니라 다른 많은 고소 사건에서도, 고소인이 자신의 피해를 주장, 입증하고, 수사기관이 요구하는 자료를 제출하는 방식으로 이루어지는 것이 일반적입니다.

'헬스장에서 연간 회원권을 끊었는데 정당한 이유도 없이 환불해주지 않는다'는 점이 허위 사실로 다투어지고 있다고 가정하겠습니다. 헬스장 회원이 위와 같은 허위 사실을 전단으로 만들어 유포한 사실을 부인하고 있다면, 그때에는 수사기관이 CCTV를 확인하거나 압수수색 등의 방법을 강구할 것입니다. 그러나 '환불해 주었다'거나 '정당한 이유가 있다'는 사실은 헬스장 운영자의 지배영역 내에 있는 사실관계입니다. 고소인인 헬스장 운영자가 이러한 자료를 제출하는 것이 쉽고 자연스럽습니다. 이처럼 많은 경우 명예훼손 사건에서 다투어지는 허위 사실은 고소인 본인이 입증할 수 있는 내용에 관한 것이므로, 고소인이 열심히 입증하는 것이 좋고 이러한 차이로 혐의 유무가 달라지기도 합니다.

● 사실의 부존재 입증 책임

● 형사재판에서 피고인이 명예훼손 범죄를 저질렀다는 점에 관한 증명책임은 검사에게 있습니다. 민사재판에서 상대방인 피고가 명예훼손이라는 불법행위를 했다는 점에 관한 입증책임은 피해자인 원고에게 있습니다.

그런데 어떠한 사실의 부존재를 입증할 수 있을까요? 입증이 가능한 사실도 있지만 입증이 불가능한 사실도 있습니다. 살인을 저질렀다는 혐의로 조사를 받는다면 살인이 일어난 그날 그 시간에 다른 장소에 있었다는 사실(알리바이)을 입증해 "나는 살인을 저지르지 않았다"는 것을 입증할 수 있습니다. 그러나 "나는 지금까지 살면서 거짓말을 한 적이 없다"는 것을 과연 입증할 수 있을까요?

법원은 입증할 수 없다고 봅니다. 법원은 "특정 기간과 특정 장소에서의 특정행위의 부존재에 관한 것"과 달리 "특정되지 아니한 기간과 공간에서의 구체화되지 아니한 사실의 부존재를 증명한다는 것은 사회 통념상 불가능하다"라고 봅니다. 이보다는 "그 사실이 존재한다"고 주장, 증명하는 것이 훨씬 쉽다고 봅니다. 그래서 법원은 명예훼손죄에서 허위성이 다투어지는 사실이 "특정되지 아니한 기간과 공간에서의 구체화하지 아니한 사실"이라면, 그에 관해서는 형사재판의 피고인이나 민사재판의 피고가 자신이 적시한 사실이 진실이라는 점을 소명할 구체적이고 객관적인 자료를 제시해야 한다고 일관되게 판시하고 있습니다. 이러한 신빙성 있는 자료를 제출하지 못하면 허위 사실 유포에 관해 책임을 져야 합니다.

실제 수사나 재판에서 위 법리가 어떻게 작용하는지 살펴보겠습니다. ① 고소인이 "나는 지금까지 살면서 거짓말을 한 적이 없다"는 점을 주장하면, ② 피고소인은 "고소인이 작년 4월에 식당에서 나에게 거짓말을 했다"는 점을 소명하는 자료를 제출해야 합니다. ③ 고소인은 다시 "그때 한 이야기는 거짓말이 아니다"라는 점을 입증하기 위해 피고소인의 주장이 신빙성이 없다는 점을 설명해야 합니다. 고소인들이 심리적으로 지치기 시작하는 시점이 이러한 ③번 단계입니다. 그러나 이러한 ③번 설명에 따라 피고소인의 처벌 유무가 달라진다는 점을 잊지 마시기 바랍니다.

CHAPTER 3. STEP 2 - 법적 절차 진행

● 승소 시 형사처벌 수준/
● 손해배상책임 수준

고소해도 기소유예로 끝난다는데 정말인가요

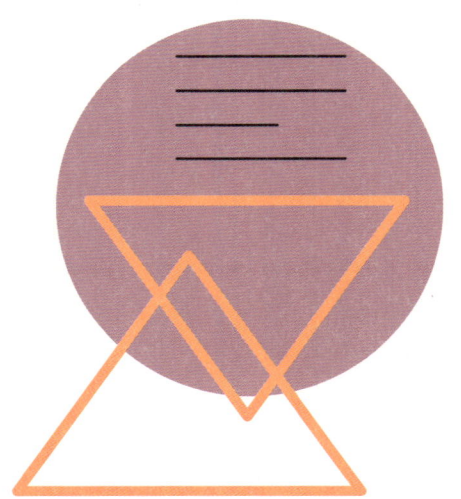

사실 적시 명예훼손죄는 2년 이하의 징역이나 금고 또는 500만원 이하의 벌금에, 허위 사실 적시 명예훼손죄는 5년 이하의 징역, 10년 이하의 자격정지 또는 1천만원 이하의 벌금에, 모욕죄는 1년 이하의 징역이나 금고 또는 200만원 이하의 벌금에 처해집니다(형법 제308조, 제311조). 그런데 같은 명예훼손이라 하더라도 '정보통신망을 통해' 이루어진 행위는 법정형(각 범죄에 대응해 법률에 규정되어 있는 형벌)이 달라집니다. 진실한 사실인 경우 3년 이하의 징역 또는 3천만원 이하의 벌금에, 허위 사실인 경우 7년 이하의 징역, 10년 이하의 자격정지 또는 5천만원 이하의 벌금에 처해집니다(정보통신망법 제70조).

법관은 위와 같은 '법정형' 중에서 선고할 형의 종류(징역 또는 벌금형)를 선택하고, 법률에 규정된 바에 따라 형의 가중·감경(예를 들어 누범이나 자수, 재량 감경)을 합니다. 이를 통해 일정한 범위 형태로 '처단형'이 정해지면 그 범위 내에서 법관은 제반 양형 사유를 참작해 최후로 구체적인 형벌을 선고하는데 이를 '선고형'이라 합니다.

2007년 4월 27일 법원조직법이 개정 시행됨에 따라 대법원은 산하에 '양형위원회'라는 독립위원회를 설립해, 국민이 신뢰할 수 있는 공정하고 객관적인 양형을 실현하기 위해 범죄 별로 '양형기준'을 설정하고 있습니다. '양형기준'이란 법관이 형을 정함에 있어 참고할 수 있는 기준으로, 구속력까지는 없으나 법관이 양형기준을 이탈하는 경우 판결문에 양형 이유를 기재해야 하므로 합리적 사유 없이 양형기준을 위반하기는 어렵습니다.

다만 위와 같은 양형기준은 형종을 징역형으로 정하였을 때에 관한 것이어서, 명예훼손이나 모욕죄 선고 시 벌금형을 선택하게 되면 양형기준이 직접 적용되지 않습니다. 법원의 선고 결과를 수집해 분석한 것은 아니지만 경험상, 진실한 사실 적시에 의한 명예훼손죄나 모욕죄의 경우 100만원 이하의 낮은 벌금형이 선고되는 경우가 많고, 허위 사실 적시에 의한 명예훼손죄는 300만원 이상에서 500만원 이하의 벌금형이 선고되는 경우가 많습니다.

명예훼손죄에 대한 법원의 인식도 달라져

명예훼손죄에서 집행유예 정도만 나와도 높은 형이 나왔다고 주목 받던 시기도 있었습니다. 그러나 각자가 1인 미디어가 되어 타인에 대한 정보와 평가를 팔아 치워 돈을 버는 시대가 도래함에 따라 명예훼손죄에 대한 법원의 인식도 달라졌고 최근에는 실형을 선고 받는 경우가 점점 많아지고 있습니다. 벌금형을 선택하는 경우에도, 성폭행 당했다고 거짓말한 경우처럼 허위 사실로 인한 피해자의 피해가 심각한 사안에서는 1500만원이라는 고액의 벌금형이 선고된 사례가 있었습니다.

그렇다면 민사소송으로 손해배상을 청구한 경우 인정되는 손해배상 금액은 얼마 정도일까요? 손해는 재산상 손해와 정신적 손해로 구분할 수 있습니다. 타인의 허위 사실 유포로 인해 직장을 잃었다면 그에 따른 재산상 손해를 청구하는 것이 이론상 가능합니다. 여기에서는 정신적 손해, 위자료에 관해서만 살펴보겠습니다.

법원은 법원의 위자료 인정액이 지나치게 낮게 형성되어 이를 현실화할 필요가 있다는 문제 제기에 따라 연구반을 구성해 2017년 '불법행위 유형별 적정한 위자료 산정 방안'을 발표했습니다. 구속력을 가지는 기준은 아니지만, 피해자들이 소장을 작성하는 단계에서 많이 인용하는 자료입니다.

피해가 매우 중대한 경우 훼손된 가치에 상응하도록 초과 가능

※ '중대 피해'는 피해자의 기존 생활이나 활동에 미친 영향이나 훼손된 명예 가치가 중대한 경우로, 직업이나 사회적 지위가 박탈되거나 활동에 현저한 지장이 있는 경우 등을 의미합니다. '일반 피해'는 중대 피해에 이르지 않았지만 그래도 그 영향이나 훼손된 명예 가치가 경미한 정도를 넘어 상당한 정도에 이른 경우를 의미합니다.

법원이 명예훼손 손해배상청구 소송에서 인정하는 위자료 액수도 점점 증가하는 추세이고, 불법행위 양태나 피해 정도에 따라 1억 원이 넘는 위자료가 인정되는 사례도 많아지고 있습니다.

CHAPTER 3. STEP 3 - 언론 피해 구제 절차

● 대응방법 ①

명예훼손으로 고소당했다고 경찰에서 연락을 받았어요

타인에 대한 허위 사실을 적어 고소당했다면, 잘못을 인정하고 선처를 구하는 것이 좋습니다. 그러나 고소가 이루어진 상당수는 허위 사실보다는 진실한 사실에 근거해 비판적인 의견이나 감정을 적은 경우입니다.

● **사실 적시인지, 의견 표명인지 구분**

이때에는 먼저 본인이 쓴 글 중에서 구체적인 사실 부분과 의견인 부분을 잘 구분해 설명해야 합니다. 사실과 의견의 구분은 명예훼손에서 가장 중요하고도 어려운 부분인 만큼, 수사기관이나 법원도 개개인별로 그 판단이 달라지곤 합니다. 간혹 추측성으로 표현하면 의견이 된다고 생각하면서 글에 '추측임을 밝힌다', '의혹이 있다'는 말을 덧붙이면 된다고 생각하는 분들이 있습니다. 추측을 적더라도 그 표현 전체의 취지로 보아 그렇게 추측하는 사실이 존재할 수 있다는 것을 암시하는 방식으로 이루어졌다면 이는 의견 표명이 아닌 사실 적시에 해당한다는 것이 우리 법원의 일관된 판례 태도입니다.

타인이 쓴 글을 보고 추측성 발언을 하면 명예훼손이 된다는 것인데 이렇게 되면 공론의 장에서 자유롭게 의견을 개진하는 것이 불가능하지 않을까요?
그러나 법원의 태도는 모든 추측성 글이나 발언이 무조건 구체적 사실의 적시에 해당한다는 것이 아닙니다. 법원은 표현 전체의 취지를 살펴 판단합니다. 과거 '국장의 지시에 의해 감사가 중지되었는데 이후 관련자가 A에게

뇌물을 준 것이 밝혀져 감사 중단에 A가 관련되어 있는 것 아닌가 의혹을 가지게 되었다'라는 표현에 관해, 법원은 '외압을 받아 감사 중단을 지시하였다'는 구체적 사실을 적시한 것으로 보기 어렵다고 판단했습니다(대법원 2008. 11. 13. 선고 2006도7915 판결).

한편 최근 사례로 유시민 전 노무현재단 이사장이 유튜브 채널에서 "서울중앙지검으로 추측되는데, 노무현재단 계좌를 들여다봤다는 사실을 알게 됐다"고 말했고, 이듬해 라디오에서 "한동훈 검사가 있던 (대검) 반부패강력부 쪽에서 봤을 가능성이 높다고 판단한다"고 발언한 사실로 공소 제기되자, 자신이 알게 된 사실을 근거로 '추측'과 '의견'을 밝힌 것이지 구체적 사실이라 볼 수 없다고 주장했습니다. 그러나, 제1심 법원은 일부 추측 형태의 진술을 하였지만 '~사실관계를 확인했다'는 표현이 있었고 검찰이 노무현재단 계좌를 추적한 이유가 보복 차원에서 이루어진 것이라고 진술한 점 등을 고려할 때 전체 표현의 취지에 비추어 '사실의 적시'라고 판단하였습니다(서울서부지방법원 2021고단1200 판결; 항소).

● 허위가 아니라는 점 소명해야
● 다음으로, 고소의 대상이 된 글·발언에서 구체적 사실의 적시와 의견 표명을 구분하였다면, 본인이 적시한 사실이 허위가 아니라는 점을 소명해야 합니다.

직접 경험한 사실이 아니라면 그러한 사실을 알게 된 출처가 중요합니다. 정론지의 언론 보도가 있었다거나 직접 경험한 사람으로부터 충분한 확인을 거치는 등 적어도 진실이라고 믿을 만한 상당한 이유가 있었음을 설명해 허위 사실에 관한 인식이 없었음을 설득해야 합니다. 인터넷상에 떠도는 소위 '지라시'나 항간의 풍문으로 들어서 알게 된 정보를 근거로 제시하면, 수사기관이나 법원은 허위사실에 관한 인식이 있었다고 판단합니다. 허위 사실이라는 점을 입증할 책임은 수사기관이나 민사소송을 제기한 원고가 부담합니다. 그러나 특정되지 아니한 기간과 공간에서 구체화하지 아니한 사실에 관한 것이라면 그 사실상의 입증책임은 발언자인 피고소인(피고)에게 있습니다.(128-129p → '입증책임과 방법'을 함께 참고하면 좋습니다.) 만약 내가 '저 여자 꽃뱀이다'라는 글을 썼고, 해당 여성이 이를 고소하면서 '나는 살면서 꽃뱀으로 평가 받을 만한 행동을 한 적이 없다'라고 주장한다면, '해당 여성이 진실하게 교제할 생각 없이 금전을 목적으로 B에게 접근해 거액을 빌려놓고 갚지 않은 채 연락을 끊었다'는 것인지에 관해 소명을 해야 하는 것입니다.

● 공공의 이익에 관한 것임을 소명
● 마지막으로, 본인이 적시한 '진실한 사실'이 '오로지 공공의 이익에 관한 것'이라는 점(38-39p → 챕터1 CASE 5 '배달 앱에 올라온 악성리뷰', 86-87p → 챕터2 Q04 '기업 대표의 부정을 대자보로 알렸어요'를 함께 참고하면 좋습니다.)을 설명해야 합니다.

적시된 사실이 공공의 이익에 관한 것인지 여부는 사실 자체의 내용과 성질에 비추어 객관적으로 판단됩니다. '오로지'라는 표현을 쓰고는 있지만 부수적으로 사적인 동기가 내포되어 있더라도 주요한 목적이 공공의 이익을 위한 것이면 괜찮습니다.

CHAPTER 3. STEP 3 - 언론 피해 구제 절차

● 대응방법 ②

억울해도 합의금 주고 끝내라고 합니다. 합의금은 얼마인가요

인터넷에서 다른 사람들이 하는 말을 보고 적은 건데 죄가 되냐고요? 그러나 그 내용이 진실인지 아닌지를 검증하기 위한 노력을 하지 않았다면 명예훼손의 책임에서 벗어나기 어렵습니다. 범죄가 성립하려면 객관적 구성요건과 주관적 구성요건이 둘 다 존재해야 합니다. 객관적 구성요건이란 쉽게 설명하면 행위를 뜻하는데, 명예훼손죄를 예로 들면 '공연히', '허위 사실'을 '적시'해 '타인'의 '명예를 훼손'하는 것이 객관적 구성요건입니다. 주관적 구성요건으로는 대표적으로 '고의'가 있습니다. '고의'란 자신의 행위로 일정한 결과가 발생할 것을 알면서 이를 행하는 심리 상태를 의미합니다. 이와 관련해 '미필적 고의'라는 말을 자주 들어봤을 겁니다. 결과 발생에 대한 확실한 예견은 없었지만, 그 가능성을 인식하고 나아가 결과 발생을 용인하는 내심의 의사를 의미합니다. 인터넷에서 본 내용을 옮겨 적으면서 '진실이 아닐 수도 있지만 그래서 어쩌라고'라는 마음이었다면, 법은 미필적 고의를 인정합니다.

● 고소인 중 상당수는 사과 원해

● 물론 많은 분이 '저는 정말 진실이라고 믿었고 진실이 아닐 가능성은 전혀 생각하지 않았어요'라고 이야기들 합니다. 그러나 법원은 미필적 고의를 판단함에 있어 피고인의 몰랐다는 주장에 좌우되는 것이 아니라 공표된 사실의 내용과 구체성, 소명자료의 존재 및 내용, 피고인이 밝히는 사실의 출처 및 인지 경위 등을 토대로 피고인의 학력, 경력, 사회적 지위, 공표 경위, 시점 및 그

로 말미암아 예상되는 파급효과 등의 여러 객관적 사정을 종합해 미필적 고의 여부를 판단합니다. 본인이 직접 경험하지 않은 일을 인터넷에 떠도는 소문만을 보고 옮겨 적었다면 미필적 고의는 부인되기 어렵습니다.

물론 본인이 경험하지 않은 정치적 사안이나 연예인의 사생활에 관해 '내가 입증을 못할 뿐이지 내가 한 말이 분명히 진실이다'라고 확신하는 분들도 있습니다. 입증 근거가 될 만한 자료에 접근한 적도 없는 상태에서 어떠한 논리적이고 합리적인 이유로 확신하는지 이해는 어렵습니다만, 어찌 되었든 그러한 확신만으로 무죄를 받기 어렵다는 점은 인지해야 합니다.

명예훼손죄는 반의사불벌죄로 피해자가 가해자의 처벌을 원하지 않는다는 의사를 표시하면 처벌할 수 없는 범죄입니다. 당사자 간에 화해가 이루어졌다면 국가가 형벌권을 발동하지 않는 성격의 범죄라는 의미입니다. 명예훼손 고소인 중 상당수는 잘못 인정과 사과를 원합니다. 허위 사실을 실수로 적었다면 잘못을 인정하고 사과하면 됩니다. 피해자가 이를 받아들여 처벌을 원하지 않는다는 의사를 수사기관이나 법원에 표시하면, 국가는 그러한 사안에 더 이상 공권력을 개입시키지 않습니다.

● **알아두면 도움 되는 사과문 작성 요령**

● 보통 사과문을 보내줄 때 '미안하다'는 말이 적혀 있을 뿐 제대로 된 사과가 아닌 경우가 많습니다. 내가 오해할 만해서 오해했는데 네가 고소했고 사실이 아니라 주장하니 '어쨌든' 미안하고 그런데 나도 억울한 점이 많다는 식입니다.

사과문에 본인의 억울함은 적지 마십시오. 억울함으로 치면 허위 사실이 유포되어 명예가 훼손된 피해자의 억울함이 더 크지 않을까요? 오해할 만한 이유가 있었다는 것도 적을 필요 없습니다. '네가 맞을 만해서 때렸다'는 변명과 다르지 않습니다. '내가 억울하지만 생업도 바쁘고 수사를 빨리 끝내고 싶으니 사과하겠다'는 마음이라면, 사과하지 않는 편이 결과가 좋을 겁니다.

고소인은 허위 사실 유포로 마음고생하고 고소 과정에서 시간과 비용을 지출한 만큼 사과와 더불어 합의금 지급을 요구하기도 합니다. 합의금을 요구했다는 이유로 고소인을 비난하기도 하는데, 고소인이 민사소송을 제기한다면 본인으로부터 받을 수 있는 손해배상금입니다 (130-131p ➡ '승소 시 형사처벌 수준/손해배상책임 수준'을 함께 참고하면 좋습니다.)

즉, 합의금은 고소인이 민사소송을 제기한다면 받을 수 있는 손해배상금을 기준으로 협상을 통해 정해집니다. 고소인은 고소 과정에서 지출한 변호사 보수 등을 합의금에 포함하기를 원하는 경우가 많습니다. 만약 민사소송이 제기되어 피고소인에게 손해배상책임이 인정되면 그에 따라 소송비용을 부담하게 되므로 고소인의 요구가 불합리하지는 않습니다. 법적 분쟁의 조기 종결에 따라 피고소인 또한 시간과 비용 지출, 감정적 소모를 막을 수 있으므로, 변호사 보수 전부는 아니더라도 합리적 범위에서 일부 포함하는 것은 고려해 봐도 좋습니다.

CHAPTER 3. STEP 3 - 언론 피해 구제 절차

● 정정/반론/추후 보도 개관

잘못된 언론 보도로 피해를 입은 경우 어떻게 하나요

잘못된 언론 보도로 피해를 입은 경우 일반 명예훼손 사건과 동일하게 형사고소 또는 민사소송(손해배상, 허위 사실 유포금지 가처분 등)을 할 수 있습니다. 언론중재법은 이와 별개로 반론권 보장을 위해 아래와 같은 제도를 두고 있습니다.

	요건	특징
정정보도 청구	사실적 주장에 관한 언론보도 등이 진실하지 아니함으로 인해 피해를 입었을 때	손해배상청구와 달리 언론사의 고의·과실이나 위법성을 필요로 하지 않기 때문에 피해자는 해당 보도가 잘못된 보도라는 점을 입증
반론보도 청구	언론 보도의 진실 여부와 무관하게 사실적 주장에 관한 언론보도 등으로 인해 피해를 입었을 때	언론사의 고의·과실이나 위법성을 필요로 하지 않고, 보도 내용이 허위임을 요건으로 하지 않음
추후보도 청구	언론에 의해 범죄 혐의가 있거나 형사상의 조치를 받았다고 보도 또는 공표된 이후 그에 대한 형사절차가 무죄 판결 또는 이와 동등한 형태로 종결되었을 때	추후보도에는 청구인의 명예나 권리 회복에 필요한 설명 또는 해명이 포함되어야 함

주의할 것은 정정보도 및 반론보도 청구는 해당 언론보도 등이 있음을 안 날부터 3개월 이내(다만 보도일로부터 6개월 이내), 추후보도 청구는 형사절차가 무죄판결 또는 이와 동등한 형태로 종결되었을 때 그 사실을 안 날부터 3개월 이내에 이뤄져야 합니다.

언론사를 상대로 한 정정, 반론, 추후보도 청구(이하 정정보도 청구 등)는 법원에 소송으로 제기할 수 있고, 또는 언론중재위원회에 조정을 신청하는 방법으로도 가능합니다.(138-139p → '언중위 조정 절차 개관'을 함께 참고하면 좋습니다.)

정정보도 청구 등을 하면서 손해배상청구를 함께 할 수 있는데, 언론중재법은 잘못된 언론보도로 인한 손해액이 구체적으로 입증되지 아니하더라도 구체적인 금액을 산정하기 곤란한 경우에는 변론의 취지 및 증거조사의 결과를 고려해 그에 상당하다고 인정되는 손해액을 산정하도록 하는 규정을 두고 있어 피해자에게 유리한 면이 있습니다(법 제30조 제2항).

또한, 신문기사 등이 계속 수정되지 않은 채로 검색되는 상황에서는 지속적인 명예훼손 피해를 입는 현실이 존재하기 때문에, "정정보도문 게재의무 위반행위 1일당 50만 원 배상"과도 같은 간접강제를 병합해 제기하는 것도 가능합니다(법 제26조 제3항).

이러한 간접강제 제도는 언론보도로 인한 피해자로 하여금 언론사에게 금전적인 배상 부담으로 인한 심리적인 압력을 가하여 정정보도 게재의무를 이행시키려는 제도로서 유용합니다.

한편, 위와 같은 정정보도 청구 등을 재판으로 진행하는 경우 유의해야 할 점은, 관할이 피고인 언론사의 보통재판적, 즉 본사 사무실이 위치한 장소의 지방법원 합의부라는 점입니다.

예컨대 목포에 있는 지역 언론사를 상대로 한 정정보도 청구를 하는 경우 원고인 보도피해자가 서울에 거주하는 사람이더라도 광주지방법원 목포지원 합의부에 매번 출석을 해서 재판을 해야 하는 번거로움이 따를 수 있습니다.

이를 무시한채 서울에 위치한 법원에 소를 제기하더라도 그 자체로 각하 대상이 되는 것은 아니지만, 서울의 해당 법원에서는 이를 직권으로 피고의 보통재판적이 위치한 지방법원으로 이송 결정을 하게 되고, 이 과정에서 재판 절차가 상당히 지연될 수 있기 때문에 유념할 필요가 있습니다.

정정보도청구, 반론보도청구, 추후보도청구는 잘못된 언론 보도로 인한 피해를 금전배상 외의 방법으로 회복할 수 있는 중요한 수단입니다. 신속한 분쟁해결방식을 채택하고 있는 언론중재법을 잘 활용하여, 명예훼손에 대해 빠르게 대처하는 것이 평판위기에 유효적절하게 대응하는 방법이라고 할 수 있습니다.

CHAPTER 3. STEP 3 - 언론 피해 구제 절차

● 언중위 조정 절차 개관

언론중재위원회 조정 신청은 무엇인가요

언론중재법에 따른 조정 신청은 서면이나 구술, 또는 이메일을 통해 지역 중재위원회(사무처)(서울, 대구, 광주, 대전, 경기, 강원, 충북, 전북, 경남, 제주)에 하면 됩니다. 신청인과 피신청인은 조정 기일에 의무적으로 출석해야 하지만 당사자 본인이 직접 출석하기 어려운 경우 변호사 등 대리인에게 출석을 위임할 수 있습니다. 이때 출석 요구를 받은 당사자(또는 대리인)가 2회 불출석한 경우 신청 취하 또는 신청 취지에 따라 이행에 합의한 것으로 보기 때문에 반드시 출석해야 합니다.

조정기일에서 신청인은 신청 취지와 그 이유를, 피신청인은 답변 요지를 진술하게 됩니다. 중재위원은 법관, 변호사, 언론인, 법학 교수 등으로 구성됩니다. 조정 절차의 목적상 조정위원들은 양 당사자의 의견을 청취하고 서로 양보할 수 있는 지점을 모색합니다.

언론중재위원회 조정 절차는 다음과 같습니다.
1. 조정기일에 당사자 간 합의가 이루어진 경우(조정성립), 이러한 합의는 재판상 화해와 동일한 효력이 있습니다.

2. 당사자 간 합의가 이루어지지 않았더라도 신청인의 주장 전부 또는 일부에 이유가 있다고 판단될 경우 '조정을 갈음하는 결정'(직권조정결정)을 합니다.

2-1. 직권조정결정이 내려지는 경우 양 당사자는 결정에 이의가 있을 때 결정서 송달일로부터 7일 이내에 이의신청을 할 수 있습니다. 일방이라도 이의신청을 하면 자동으로 법원에 소송이 제기됩니다.

2-2. 직권조정결정 이후 양 당사자가 이의하지 않고 동의하면, 이러한 직권조정결정은 재판상 화해와 동일한 효력이 있습니다. 주의할 것은 직권조정결정에 이의신청한 경우와 달리 '조정불성립결정'으로 조정절차가 종료된 경우 자동으로 법원에 소송에 제기되는 효과는 발생하지 않으므로, 직접 소송을 제기해야 하고 이 때에도 언론중재법이 정한 정정보도청구등에 관한 제소기간은 준수해야 합니다.

3. 반면 당사자 간 합의가 이루어지지 않고 조정이 적합하지 않은 현저한 사유가 있는 경우 '조정불성립결정'을 하고, 조정 절차는 종료합니다.

언론중재법에서 정한 바에 따라 조정 신청은 접수 후 14일 이내에 완료되는 것이 원칙이고, 중재부가 조정을 갈음하는 결정(직권조정 결정)을 내릴 때에는 21일 이내에 처리되어야 하기 때문에 언론중재위원회 조정 절차는 법원 소송 절차에 비해 신속하게 진행됩니다.
언론중재위원회에 정정보도 조정을 신청하는 경우 그 신청취지 예시는 아래와 같습니다.

정정보도 조정 신청서 작성 예시

1. 피신청인은 ○○신문 제1면에 별지1 기재 정정보도문을 게재한다. 단, 정정보도문의 제목활자는 조정대상기사의 제목 활자인 "○○○"과 동일한 크기로, 본문 활자는 조정대상 기사의 본문 활자 크기와 같게 한다.

2. 피신청인은 인터넷 ○○신문(URL)홈페이지 초기 화면에 별지2 기재 정정보도문을 게재하되, 제목을 통상의 기사제목과 동일한 크기로 [ ] 안에 표시하여 48시간 동안 게재하고, 제목을 클릭하면 별지2 기재 정정보도문이 통상의 기사제목 및 본문과 동일한 크기의 활자체로 표시되도록 하되, 조정대상 기사의 본문 하단에도 별지2 기재 정정보도문을 이어서 게재한다. 또한 48시간 게재 후에는 기사 DB에 보관하여 검색되도록 하고, 정정보도 대상 기사의 하단에 이어서 게재하여 정정보도 대상 기사가 검색되는 한 함께 검색될 수 있도록 하며, 정정보도문은 기사DB에도 보관하여 검색되도록 한다.

3. 피신청인은 신청인에게 금 X,000,000원을 지급한다.

"변호사님, 그래서 고소를 할까요 하지 말까요?"

by_**강윤희** 법무법인 원 변호사

처음으로 수행한 명예훼손 사건은 어느 유명 연예인에 대한 악플러 고소 대리 업무였습니다. 자료를 채증하고 고소장을 접수하는 일부터 시행착오의 연속이었지만, 운 좋게도(?) 악플러 몇을 구속하기도 했습니다. 악플러 고소 후 사안에 따라 보도자료 배포 여부를 결정해 배포하는데 이때 기자들의 질문에 대신 답변하는 것도 고소대리인 변호사의 업무에 속합니다. 언젠가 보도자료를 보고 전화를 걸어 온 어떤 기자가 무심히 질문했습니다. 저희가 명예훼손 고소 사건을 전문적으로 수행한다는 말을 들은 기자는 "변호사님이 속한 법무법인은 표현의 자유를 중요하게 여기는 분들이 모여 있을 것 같은데, 명예훼손 고소를 하는 것은 모순되지 않나요"라고 의문을 던졌습니다.

이후로도 간혹 스스로에게 그 질문을 던지곤 합니다. 명예훼손죄 처벌은 표현의 자유를 위축시키는 것이 아닌가. 그러나 일단 변호사로서의 답변은 '허위 사실 적시로 인한 명예훼손죄 처벌은 필요하다'로 귀결됩니다. 아무래도 명예훼손으로 피해를 본 사람들을 더 많이 마주하기 때문인 것 같습니다.

우리 대부분은 유명인이 아닙니다. 평판이란 공기 같아서 평소 그런 것이 있는지도 의식하지 못합니다. 동네 주민이 나에 대해 소위 '뒷담화'를 한다는 말을 직장 동료로부터 전해 들어도, 오히려 그 말을 나에게 전해준 사람을 탓하기도 합니다. 실제 피해자가 되기 전에는 명예훼손의 무서움을 실감하기란 어렵습니다.

● **평판 위기의 무서움**

평판 위기는 집단 내 따돌림과도 같습니다. 사람은 누구나 어떤 집단에 속합니다. 가족, 친척, 학교, 학원, 직장, 입주자대표회의, 동창 모임, 동호회, 종교단체 등 열거는 끝이 없습니다. 허위 소문은 집단이나 공동체 내에서 인간관계의 단절을 불러오고, 의지하는 친밀한 관계에 위기를 가져옵니다. '다른 모든 사람이 오해해도 되지만 가족이 오해하는 것은 싫기 때문에 아무리 힘들어도 재판을 통해 진실을 밝히고 싶다고 말씀하는 분도 많습니다. 허위 보도·소문으로 직장을 그만두고 이직에 어려움을 겪는 일도 많고, 어떤 사업체나 해당 산업 자체가 망가지는 일도 있습니다. 더욱이 인터넷이 보편적 기술이 되고 검색 기능이 생겨나면서, 이제 한 번 유포된 허위 사실은 완전히 삭제시키는 것이 매우 어려워졌습니다. SNS의 팔로워 숫자 같은 평판 자체가 돈이 되는 시대, 평판 위기가 사회적·경제적 활동을 차단하는 시대에 표현의 자유에 대한 제한 여부와 그 범위는 더 많이 이야기되어야 하고 새로이 정립되어야 합니다. 당연히 형사 처벌이 능사라는 말은 아닙니다.

좋아하는 대법원 판시사항을 소개해드리고자 합니다. "어느 시대, 어느 사회에서나 부정확하거나 바람직하지 못한 표현들은 있기 마련이다. 그렇다고 해서 이러한 표현들 모두에 대해 무거운 법적 책임을 묻는 것이 그 해결책이 될 수는 없다. 일정한 한계를 넘는 표현에 대해서는 엄정한 조치를 취할 필요가 있지만, 그에 앞서 자유로운 토론과 성숙한 민주주의를 위해 표현의 자유를 더욱 넓게 보장하는 것이 전제되어야 한다. 자유로운 의견 표명과 공개 토론과정에서 부분적으로 잘못되거나 과장된 표현은 피할 수 없고, 표현의 자유가 제 기능을 발휘하기 위해서는 그 생존에 필요한 숨 쉴 공간이 있어야 하기 때문이다. 따라서 명예훼손이나 모욕적 표현을 이유로 법적 책임을 지우는 범위를 좁히되, 법적으로 용인할 수 있는 한계를 명백히 넘는 표현에 대해서는 더욱 엄정하게 대응해야 한다. 명예훼손으로 인한 책임으로부터 표현의 자유를 보장하기 위해서는 이른바 '숨 쉴 공간'을 확보해 두어야 한다. 부적절하거나 부당한 표현에 대해서는 도의적 책임이나 정치적 책임을 져야 하는 경우도 있고 법적 책임을 져야 하는 경우도 있다. 도의적·정치적 책임을 져야 하는 사안에 무조건 법적 책임을 부과하려고 해서는 안 된다. 표현의 자유를 위해 법적 판단으로부터 자유로운 중립적인 공간을 남겨두어야 한다(대법원 2018. 10. 30. 선고 2014다61654 전원합의체 판결)."

● **고소를 고민하는 이들에게**

나에 대해, 우리 회사에 대해 잘 알지도 못하면서 함부로 이야기하는 것은 화 나는 일입니다. 그러나 수사기관이나 법원에 가서 판단을 받아야 할 내용보다는, 공개토론의 장에서 논쟁을 통해 다수로부터 진실로 인정받아야 할 내용이 많습니다. 때로는 그러한 부정적 평가가 가져오는 즉각적인 부정적 영향을 막아야겠다는 생각이 앞서, 그 평가가 귀 기울여 들어야 하는 조언임을 잊기도 합니다. 모든 평판 위기의 끝이 소송으로 귀결될

모든 평판 위기의 끝이 소송으로 귀결될 필요는 없습니다. 오히려 잘 해결된 평판 위기는 소송까지 가지 않습니다.

필요는 없습니다. 오히려 잘 해결된 평판 위기는 소송까지 가지 않습니다.

질문에 대한 답변으로 돌아가겠습니다. 나에 대해 부정적인 발언을 하면 명예훼손이나 모욕으로 고소하는 것이 정답일까요? 그럴 때 가만히 있으면 만만하다는 소문이 퍼져서 계속 당하게 될까요? 형사고소를 하면 허위사실 유포가 중단될까요? 오히려 잘못을 인정하지 않고 사태를 악화시키는 것은 아닐까요? 고소 후 상대방이 무혐의 처분을 받으면 역풍이 불지 않을까요? 고소나 소송을 통해서 얻는 것과 잃는 것이 무엇인지 분석하고 비교 형량해 판단을 내릴 수밖에 없습니다. 제목에 낚여 클릭했더니 결국 원하는 정보는 주지 않는 블로그 게시글 같은 답변입니다만, 판단은 각기 사안별로 달라질 수밖에 없습니다.

고소·소송 시작 전에는 의뢰인들에게 항상 질문합니다. "고소·소송을 통해 얻고자 하는 바가 무엇인가요?" 때로는 승소 가능성도 없고 실익도 없다는 점을 설명해 드려도 다들 고소·소송의 의지를 꺾지 않습니다. 명예훼손 소송이 본인 예상보다 얼마나 힘든 일인지 설명하며 다시 한번 고소·소송 의사를 묻습니다. 진실을 입증할 책임은 당사자에게 있고, 잊어버릴 수도 없이 다투어지는 사건에 관한 기억을 계속 떠올려야 하고, 수사와 재판 과정에서 내내 상대방의 거짓말을 다시 듣고 그것은 진실이 아니라고 말해야 합니다. 그 모든 설명에도 불구하고 오직 '한풀이'를 위해 소송을 하겠다는 분도 있습니다. 억울한 일을 겪고 힘든 싸움임을 알면서도 고소를 결심한 당신에게 이 책이 작은 도움이 되었으면 좋겠습니다.

CLOSING ISSUE

기업이 올바르게 사과하는 법 7가지

by_송동현 밍글스푼(주) 대표(위기관리 커뮤니케이션 전문가)

근래 평판 관리, 이슈관리 영역에서 가장 많이 보이는 행위 중 하나가 해명·사과 커뮤니케이션입니다. 실로 사과의 홍수 시대에 살고 있다고 해도 무방합니다. 그래서 이 상황을 빗대어 '요즘은 사과가 트렌드가 된 시대'라는 말씀을 종종 드리고 있습니다. 그래서일까요. 사과 커뮤니케이션이 평판을 위한 이슈 관리의 전부인 것처럼 인식되기도 합니다. 사실 더 중요한 것은 사과 잘하는 것보다 사과하지 않을 일을 하는 것인데 말이죠.

미국에는 사과법이 존재하기도

기업의 사과 행위가 흔하지 않았던 과거에는 보수적 기업들의 틈바구니에서 간혹 등장했던 기업의 사과문이 그 독특함과 차별화 때문에 진정성과 개선 의지에 대한 좋은 평가를 받는 경우가 많았습니다. 최근 이슈들은 기업이 사과할 수밖에 없는 상황에 놓인 이슈가 많음에도 사과문의 홍수 속에 사과 행위가 대중들에게 형식상 진행되는 하나의 통과의례로 평가절하되고 있습니다. 그럼 이런 상황에서 기업이 어떻게 사과해야 좋을까요. 먼저 사과해야 하는 상황임에도 사과를 주저하게 만드는 주요 원인을 반면교사로 삼아 향후 사과를 해야 할 때 방해하는 요소를 제거해 보겠습니다. 가장 먼저 (법적) 책임 문제 때문에 기업은 사과를 주저합니다. 사과와 책임이 별개라면 뒤에 추가로 말씀드릴 몇 가지 요소를 제외하고 아마 사과를 마다할 기업과 개인은 없을 듯합니다. 이런 이유로 미국에는 '사과법(apology law)'도 있습니다. 1986년 미국 매사추세츠주에서 처음 채택한 후 미국 30개가 넘는 주에서 시행하는 이 법의 주된 내용은 의료진의 사과를 민사상 법적 책임에 대한 시인으로 간주하지 않는다는 것입니다. 의료진이 피해자 측에 도의적인 사과 등을 할 수 있는 통로를 열어주는 역할을 하고 있습니다. 사과법은 현재 우리나라에서도 도입에 대한 논의가 지속되는 것으로 알고 있습니다.

사과법이 없는 우리나라에서는 형사·민사상 법적인 책임 다툼이 예상되는 사안에 대해 사과가 필요한 경우 개인의 양심이나 사회적 통념에 의한 윤리적인 책임이라는 조건으로 '도의적 책임', '심정적 사과', '불편과 심려를 끼쳐드린 점에 대한 책임과 사과' 등 법적 책임과는 선을 긋는 조건을 걸고 사과하게 됩니다. 그래서 실제 책임 없는 사과라는 진정성 논란은 가중되는 편입니다.

올바른 공감과 타이밍이 중요

이슈 발생으로 인한 사과 커뮤니케이션은 다음 두 가지 요소가 포함되어야 합니다. 첫째, 이슈 상황 자체, 즉 사고나 부정행위에 대한 사과와 둘째, 직간접적인 이해관계자 혹은 포괄적인 대중들의 피해와 감정에 대해 공감하고 유감을 표하는 사과입니다. 이때 기업의 올바른 사과를 위해선 법적 책임과 이해관계자의 피해에 대한 충분한 공감은 구분해서 판단할 필요가 있습니다. 이해관계자의 피해에 공감하는 것은 스스로 책임을 인정하는 것이라는 고정관념에서 탈피해 충분히 공감해서 얻을 수 있는 긍정적 평판과 여론의 법정에서 정상 참작될 수 있는 여지를 마련해야 합니다.

그리고 사과 타이밍을 놓칠 때입니다. 의외로 이 이유 때문에 기업이 사과하지 못하는 경우가 많습니다. 바로 그 타이밍에서 사과했어야 하는데, 뒤늦게 사과하고 싶은 마음이 들었는데 지금 상황이 변해서, 아니면 너무 늦어 지금 사과하면 오히려 이슈의 가시성이나 이슈의 영향력과 생명력이 배가되기에 사과하지 못하게 되는 경우입니다. 늦게 사과를 하게 되면 적절한 타이밍에서 사과할 때보다 더 내어놓아야 할 것들이 많아지고 더 많은 용기가 필요하기 때문에 주저할 수밖에 없습니다. 기업의 사과가 늦어지거나 타이밍을 놓치는 대표적 이유는 다음 3가지입니다.

첫째, 섣부른 사과가 오히려 이슈를 더 확산시키고 진행되는 평판 관리 전반에 발목을 잡을 것이라 판단해 침묵을 선택하는 경우가 있습니다. 이슈가 발생했을 때 해당 기업은 빠르고 명확한 상황분석을 통해 우리의 포지션을 결정합니다. 이때 해당 이슈에 대해 유죄와 책임을 인정하는 포지션이 필요한 상황이라면 침묵이 아닌 사과를 선택하는 것이 합리적입니다.

둘째, 사과 실행까지 과도하게 시간이 소모돼서 타이밍을 놓치는 경우입니다. 이는 이슈관리를 주도하는 조직 내 논의 과정이 지나치게 시간을 끌어서 발생하는데 보통 경험 부족으로 인한 역량 문제입니다.

셋째, 최고 의사결정권자의 침묵과 방기 혹은 사과에 대한 반대 때문입니다. 최고 의사결정권자의 무관심 또는 신념, 자존심, 고집 때문에 사과하지 않는 경우에는 기업의 이익 측면과 평판 관리 로드맵을 가지고 내부 및 외부 전문가 그룹과 적극적인 설득을 진행할 수 있습니다. 합리적 의사 결정이 아닌 최고 의사결정권자 의지를 설득해야 하는 상황이라면 현실상 몹시 어렵습니다.

사과에 '만능열쇠'는 없어

평판 관리를 위한 사과 행위에 분명한 정답은 없습니다. 때론 아무런 고민 없이 그냥 바로 사과하는 것이야말로 어쩌면 가장 쉽고 성공하는 방법일 수 있습니다. 피해자와 가해자가 명확한 사안의 경우 사과는 공개 사과보다 피해자(원점)와의 직접 사과와 원만한 합의가 먼저 이뤄져야 합니다. 피해자에게 먼저 사과하지 않고 피해자가 수긍하지 않는 상황임에도 대중과 언론을 활용한 사과의 전술(tactic)적 측면에만 집착하게 되면 세계적 대문호인 괴테나 헤밍웨이가 사과문을 써도 실패합니다. 그럼에도 실제 법정에서 판례가 중요하듯 여러 사례 분석을 통해 반면교사로 삼을 수 있는 교훈을 얻는 것은 기업과 개인의 평판이 결정되는 여론의 법정에서 매우 중요합니다. 이상 말씀드린 합리적 판단에 근거한 사과를 방해하는 요소를 제거하고 다양한 과거 사례에서 얻은 인사이트를 바탕으로 정리한 '사과문의 정석' 어렵지 않아요!를 참고한다면 해당 기업이 이해관계자에게 전달하고자 하는 마음이 살아 움직이는 전략적 사과 커뮤니케이션이라는 평가를 받을 수 있을 것입니다.

CLOSING

무엇에 대한, 누가 하는 사과인가? #1

잘 된 기업의 사과문으로 많이 회자하는, 메르스가 창궐했던 2015년 삼성서울병원의 사과문은 다음과 같이 시작합니다.

"저희 삼성서울병원이 메르스 감염과 확산을 막지 못해 국민 여러분께 너무 큰 고통과 걱정을 끼쳐드렸습니다. 머리 숙여 사죄합니다."

당시 삼성전자 이재용 부회장이 직접 발표한 사과문의 첫 문장은 사과하는 이유에 대한 구체성이 기술되어 있고 누가 사과하는지에 대한 주체가 구체적으로 명기되어 있습니다. 최근에 사과문에서 강조하는 것은 사과문의 구체성입니다. 그 구체성의 핵심은 사과하게 된 이슈가 명확해야 하고 사과의 주체가 명확해야 한다는 것입니다.

누구를 향한 사과인가? #2

매니저 처우 이슈로 사과했던 배우 이순재의 사과문에는 이런 문장이 있습니다.

"전 매니저의 처우에 대한 불미스러운 논란이 발생한 데 대해 그동안 저를 믿고 응원해 주신 팬 여러분께 깊은 사과의 말씀을 올립니다. 또한 동료 연기자 여러분과 특히 배우를 꿈꾸며 연기를 배우고 있는 배우 지망생, 학생 여러분들께 모범을 보이지 못해 너무나 부끄럽고 미안합니다."

긍정적 평가를 받는 이 사과문에는 핵심 이해관계자인 팬에 대한 깊은 사과가 가장 먼저 등장하고 두 번째 동료 연기자, 세 번째 배우 지망생과 학생들에 대한 사과가 연이어 표현되고 있습니다. 과거에는 국민 여러분, 고객 여러분으로 시작되는 사과문이 일반적이었습니다. 하지만 최근 이해관계자론의 핵심은 이해관계자의 우선순위와 구체성입니다. 단순하게 뭉뚱그려진 이해관계자 그룹이 아니라 해당 이슈로 피해를 가장 많이 받은 혹은 받을 이해관계자들 우선순위에 따라 구체적으로 명기하는 것이 중요합니다.

상황인식 + 현재 + 미래 순서 #3

과거 공정거래위원회로부터 담합 행위로 시정 명령 받은 대한생명 사과문의 일부입니다.

"대한생명은 고객과 소비자를 보호하고, 공정경쟁 질서를 확립하는 데 앞장서야 할 생명보험회사로서 공정거래위원회로부터 담합 행위와 관련 시정 명령을 받았습니다. 이번 사안은 한화그룹의 정신인 신용과 의리, 핵심 가치인 도전·헌신·정도에 반하는 것으로 업계 관행이라는 명분하에 업무처리에 매진하지 못한 점에 대하여 대한생명의 전임직원들은 깊이 반성하고 있습니다."

사과문은 크게 기업의 상황인식 그리고 현재 피해 최소화를 위한 기업의 대응 상황 마지막으로 향후 계획 및 개선안 세 그룹으로 구분된 형식으로 구조화되어야 합니다. 세 그룹에서도 가장 중요한 것은 먼저 해당 이슈에 대한 기업의 명확한 상황인식과 그에 따른 포지션, 기업의 원칙을 정확히 표현하는 것입니다. 해당 기업의 상황인식에 사과 받는 이해관계자와 대중들이 공감할 수 있을 때 비로소 사과의 모든 메시지가 살 수 있습니다.

인간적이고 겸손해야 한다 #4

사과 행위에 대한 인간미는 인간애와 인간적인 메시지를 의미합니다. 사람들은 모든 것을 의인화하고 싶어 하거나 습관적으로 의인화하는 공통적 특성이 있습니다. 그래서 기업 커뮤니케이션 방식과 톤 앤드 매너를 인간의 성격과 이미지로 투영합니다.

그 때문에 딱딱하고 큰 건물, 혹은 멋진 브랜드, 때론 무자비한 조직으로만 인식되던 기업이 사과하는 행위는 기업을 인간화해 이해관계자와 커뮤니케이션하는 것이어야 합니다. 대표적인 인간적 메시지 형태는 충분한 공감과 공손, 겸손의 표현입니다.

그렇다고 인간적이되 감정적이어서는 안 됩니다. 더 이상 공손할 수 없을 만큼 공손하지만 객관적이어야 하고 논리적이어야 하며 이성적이어야 합니다. 그리고 겸손은 무조건 기업의 자세를 낮추는 것을 의미하지 않습니다. 오히려 기업을 과도하게 낮추는 방식이 아닌, 이해관계자를 높이는 겸손이 더 와 닿는 겸손의 자세가 될 수 있습니다.

항상 경청해야 한다 #5

2009년, 방송인 전현무가 인터뷰 태도 때문에 질타를 받았을 때 그의 사과문은 온라인에서 사과문의 정석으로 평가 받았습니다. 해당 사과문은 "오늘 아침 라디오를 끝내고 어젯밤 SBS 연예대상 관련 여러분들의 댓글을 찬찬히 다 읽어보았습니다"로 시작됩니다.

대중과 고객들이 이슈가 발생한 기업에 갖는 가장 큰 불만은 무시입니다. 우리 불만을 듣고 있는지, 요구 사항을 알고 있는지에 대한 기업의 응답이 없으면 무시당하고 있다는 부정적 감정이 훨씬 커지게 됩니다. 이슈가 발생한 기업에 경청은 당연하다고 생각되지만, 경청하고 있다는 표현과 피드백이 없으면 무용지물입니다. 경청은 표현하지 않으면 상대가 경청하고 있다는 것을 모를 수밖에 없습니다. 그래서 경청의 표현은 경청의 증명인 셈입니다.

CLOSING

불필요한 사족 제외 #6

기업이 공식적인 커뮤니케이션을 할 때 오래전부터 습관적으로 쓰는 문장이 있습니다. 대표적인 문장이 "저희 기업을 사랑해 주시는 고객 여러분들께 감사드립니다"입니다. 사과해야 하는 입장에서 클리셰(판에 박은 듯한 진부한 표현)에 해당하는 감사 표현은 사족입니다. 더불어 불필요한 디테일은 오버 커뮤니케이션이 될 수 있어 사족이며 비유법, 은유법 역시 듣는 사람들의 입장에 따라 달리 해석될 여지가 있기 때문에 피해야 할 사족에 해당합니다.

기업의 사과는 전략적 측면에서 초기 이슈 대응의 종결을 의미하고 그것을 목적으로 하는 커뮤니케이션이어야 합니다. 그렇지 않고 잘못된 사과가 이해관계자들을 향한 강력한 공격이 되면 그 결과 부정적 반응을 가중해 또다시 사과하게 되고 최초 잘못된 사과가 지속해서 또 다른 논란을 야기하는 형태들이 이어지게 됩니다. 그래서 사과는 초기 상황을 일단 어느 정도 종결시키고 평판 관리를 위해 다음 단계로 넘어가는 것이 목표가 되어야 합니다. 사과가 미래를 향한 다리 역할이 되어야 합니다.

따라서 평판 관리를 위한 기업의 사과는 단순한 커뮤니케이션 행위로만 종결되어선 안 됩니다. 개선에 대한 커뮤니케이션이 사과의 필요 요소라면 향후에는 그 개선이 제대로 실행되어야 합니다. 사과에 포함했던 개선이 계획대로 실행되고 또 개선의 과정이 커뮤니케이션되고 종국에 개선의 결과가 공표되면 비로소 기업이 사과했던 행위의 진정성이 담보되어 기업 평판에 긍정적 영향을 주게 됩니다.

오해는 금물 #7

사과가 유행이 된 지금 언제부터인가 온라인 공간에선 사과문을 올바르게 적는 방법이라는 이미지가 확산하고 있습니다. 그만큼 일반 대중들에게 기업의 사과 행위가 익숙하게 되었고 사과에 대한 식견이 높아졌다는 방증이라 할 수 있습니다. 이 이미지에 포함된 내용 중에 '본의 아니게', '그럴 뜻은 없었지만', '오해'라는 단어는 사과문에 쓰면 안 된다고 평가할 만큼 해당 단어에 대한 반감은 큽니다. 책임을 전가하는 의미의 표현은 기업이 의도했던 사과에 대한 본래 의미를 희석할 수 있습니다.

**알아두면 빛을 보는
사과문 작성 노하우**

작성 형식

1. 제목의 적정성과 길이 고려
2. 제목 뒤에는 핵심 메시지 배치 가능
3. 미괄식 형식이 아닌 두괄식 형식으로
4. 보도자료형, 블랫 포인트 형식 피하기
5. 화려한 폰트 < 일반적인 폰트
6. 색상은 기업 CI 색상 정도만 사용할 것
7. 자필 작성도 고려 가능 (악필이라면 효과↓)

작성 방식

1. 상황과 타깃, 채널에 따라 톤 앤드 매너 변형 가능
2. 한 번에 여러 채널을 통해 일시적이고 강력하게 전달
3. 정확한 상황 분석 전제 하에 시기는 가능한 빠르게!
4. 유희적으로 인식되는 독특한 방식의 사과는 금물

'사과문의 정석' 어렵지 않아요!

① **무엇에 대한 사과인지, 누가 사과하는지 서두에 명확히 표현해야 한다.**
- 저희 삼성서울병원이 메르스 감염과 확산을 막지 못해 국민 여러분께 너무 큰 고통과 걱정을 끼쳐드렸습니다. 머리 숙여 사죄합니다. (O)
- 메르스 사태로 물의를 일으켜 죄송합니다. (X)

② **이해관계자를 고려하고 구분해야 한다. (성별·연령·팬덤 고려)**
- 전 매니저의 처우에 대한 불미스러운 논란이 발생한 데 대해 그동안 저를 믿고 응원해 주신 팬 여러분께 깊은 사과의 말씀을 올립니다. 또한 동료 연기자 여러분과 특히 배우를 꿈꾸며 연기를 배우고 있는 배우 지망생, 학생 여러분들께 모범을 보이지 못해 너무나 부끄럽고 미안합니다. (O)
- 국민 여러분께 사과드립니다. (X)

③ **이슈에 대한 포지션·상황에 대해 바라보는 우리의 프레임 → 현재 진행 상황·대응 상황 → 개선안·미래에 대한 이야기 순서로 기술한다.**
- 저희 삼성전자 모든 임직원들은 이번 문제를 조속히 해결하기 위해 최선의 노력을 다하겠습니다. 9월 19일부터 배터리 문제가 완전히 해결된 새로운 갤럭시 노트7으로 교환이 시작될 예정입니다. 이에 앞서 고객 여러분의 안전을 위해 다음과 같은 조치를 진행하고자 합니다. (O)
- 이번 문제를 해결하기 위해 구체적 계획이 수립되는 대로 최선을 다하겠습니다. (X)

④ **인간적이고 겸손해야 한다.**
- 일단 변명의 여지가 없습니다. 대단히 죄송합니다. 이번 작품이 이토록 문제가 될 것을 충분히 인지하지 못했습니다. 그것은 제가 우매하고 안일했기 때문입니다. (O)
- 부디 너그러운 마음으로 사과를 받아주십사 '사과주스'를 출시했습니다. (X)

⑤ **항상 경청하고 있음을 표현한다.**
- 여러분 댓글 하나하나 전부 다 읽어보고 반성하고 잘못도 알고 있습니다. (O)
- 이제 많은 분들의 이야기를 듣고 알게 되었습니다. (X)

⑥ **불필요한 사족은 제외한다.**
- 무엇보다 먼저 피해복구에 최선을 다하겠습니다. (O)
- 저희가 달을 가리켰지만 많은 사람들이 손을 본다면 그것은 저희가 말을 잘못 전한게 맞습니다. (X)

⑦ **당신이 오해하고 있다고 해명하거나 책임을 전가하지 않는다.**
- 삼성의 노사 문화는 시대의 변화에 부응하지 못했습니다. 최근에는 삼성에버랜드와 삼성전자서비스 건으로 많은 임직원들이 재판을 받고 있습니다. 책임을 통감합니다. (O)
- 사실 여부를 떠나 본의 아니게(그럴 뜻은 없었지만) 오해의 소지가 있어 사과드립니다. (X)

CLOSING   COLUMN

평판 대응은 누구의 만족을 목표로 하는가?

by_ 송동현 밍글스푼(주) 대표(위기관리 커뮤니케이션 전문가)

어떤 기업의 평판 관리 평가 지표를 보았습니다. 언론 오보 대응에 대해선 가산점을 주고 있었습니다. 오보 대응이란 오보가 발생하면 대응하는 것이고 그것을 잘 대응했을 때 가산점을 주는 것이 일견 이해가 됐습니다. 하지만 평가 기간 내 오보가 없었다면 오보 대응에 대한 가산점을 받을 수 없었습니다. 오히려 오보가 없다는 것은 사전에 미디어와 좋은 관계 속에서 이슈에 대해 충분한 설명을 했다는 결과인데 말입니다. 오보가 없다는 것이 더 높은 가치이지만 부정적 오보가 발생하고 그것을 대응해야 가산점을 받는 아이러니한 상황이 발생하고 있었습니다.

● **예방과 대응이 최고의 평판관리법**
● 긍정적 평판을 유지하고 부정적 평판을 완화하기 위한 활동은 크게 이슈 예방과 실행(대응), 그리고 위기 발생 후 회복으로 나뉩니다. 예방은 위기가 일어나지 않게 평소에 내재한 이슈들을 도출하고 감지하고 관리하는 전략과 활동입니다. 최선을 다했지만 위기가 발생하면 그것의 피해를 최소화하도록 하는 것은 위기관리 실행(대응) 영역입니다. 입었던 피해를 빠르게 복구해서 피해를 보기 전 혹은 그보다 더 좋은 환경으로 돌아가는 것은 회복이고 마지막 단계입니다. 이 과정에서 예방과 대응을 통해 위기가 발생하지 않거나 최소화하는 것이 가장 성공한 평판 관리이며 최상의 가치입니다.

그런데 위기가 없으면 최상위 평가를 받아야 하지만 "너 뭐 했냐"라는, 아무것도 하지 않았다는 평가와 시선이 돌아옵니다. 현장에서 위기관리 컨설턴트가 바라보는 기업 내 위기관리를 담당하는 사람들의 고충이 이렇습니다. 평시 이슈관리 주간 리포트나 월간 리포트를 보고할 때 아무런 이슈가 없어 공란이 많으면 괜스레 부담스럽습니다. executive summary에 '위해도 높은 이슈 없음'의 타이틀을 보고 있자면 담당자도 뭔가 아무것도 하지 않은 것 같은 느낌에 찝찝합니다. '드러나게 관리할 이슈를 인위적으로 만들어야 하나'라는 극단적 생각이 들기도 합니다.

기업 평판에 부정적 영향을 주는 위기가 일어나는 지점도 보통 위기관리 담당자들이 위기를 일으키는 경우는 거의 없습니다. 하지만 위기관리 담당자가 위기 대응을 잘하지 못해 평판이 나빠졌다며 비난 받고 심하면 징계 받는 경우도 있습니다. 이것이 대부분 기업 경영진들이 기업 평판 관련 위기관리를 바라보는 관점이기도 합니다. 위기관리 컨설턴트는 위기를 예방하고 발생한 위기에 대한 피해를 최소화하는 최선의 위기관리를 '모든 기업 구성원이 해야 할 일을 적시에 하는 것'이라 정의합니다. 오늘 우리 기업이 평온하고 평판에 문제가 없다면 그간 위기관리 담당자의 노고와 함께 기업 구성원 하나하나가 맡은 일을 적시에 해냈기 때문입니다.

● **기업 철학이 곧 위기관리 대응 방향**

위기관리 컨설턴트는 "기업에 위기가 발생하면 기업의 철학이 담긴 액자를 먼저 바라보라"라는 이야기를 해당 기업 경영진에게 항상 강조합니다. 기업의 긍정적 평판을 위해 PR, 광고 등 큰 예산을 투입한 여러 마케팅 활동이 아무리 기업의 철학과 품격을 알리려 해도 대중과 소비자들은 쉽게 인식하지 못하지만, 기업의 위기관리 활동은 해당 기업의 철학과 품격을 대중과 소비자들에게 단박에 보여주는 리트머스지가 되기 때문입니다. 최근 사회적인 이슈가 발생해 부정적 평판이 증가한 기업들의 홈페이지를 통해 해당 기업의 철학과 이념, 광고 및 슬로건 등을 확인해 보았습니다.

해당 기업들의 철학과 이념, 그리고 광고 및 슬로건은 대부분 과거 완료형이 아니고 현재 진행형도 아닌 미래 희망형인데 이 또한 희망과 실행은 분리되고 있었습니다. 긍정적 평판을 위한 광고는 광고일 뿐이고 기업의 철학은 철학일 뿐이고 기업의 이념은 이념일 뿐이었습니다. 마케팅은 기업의 목표와 비전을 반영하지만, 위기관리는 기업의 철학을 반영합니다. 그 기업의 철학은 대부분 기업 외부 고객과 기업 내부 구성원을 존중하고 사랑하라는 고객과 기업 구성원 중심의 정신을 담고 있습니다. 그래서 기업의 철학이 견고하고 그 철학을 바탕으로 한 위기관리 시스템이 구축된 기업은 위기관리 스킬이나 커뮤니케이션에서 화려한 미사여구를 통한 자기합리화를 강조하기보다 확고한 기업 원칙을 중심으로 입장을 표현하는 데 매우 익숙합니다.

이렇듯 부정적 평판을 완화하기 위한 위기관리는 기업의 철학과 그것을 실행하는 사람, 그 사람들이 움직이는 시스템에 답이 있습니다. 다시 말해 기업 평판의 뿌리인 기업 철학도 기업 내부 구성원 존중이며 기업의 평판 관리를 위한 활동은 평소 모든 기업 내부 구성원의 일상 활동의 결과이고 평판 관리를 위한 기업 시스템을 움직이는 것도 기업 내부 구성원입니다. 그럼에도 평판 관리의 핵심을 보통 외부에 있는 고객이나 미디어 등 외부 이해관계자라고 생각하는 잘못된 시각이 일반화되어 있습니다.

● **평판 관리의 시작, 내부 구성원과의 소통으로부터**

최근 많은 기업은 즉각적이고 빠른 정보 전달을 선호하고 공정성에 더 가치를 두면서 자유로운 상향식 의견을 표출하는 새로운 내부 구성원들이 증가하고 있습니다. 특히 요즘 기업 구성원들은 기업의 장기적인 청사진보다 즉각적인 보상에 관심이 더 커 평가 및 보상 제도에 적극적 의사 표현을 하고 있습니다. 그러나 재택근무 활성화로 대면·비공식 의사소통 기회가 대폭 사라져 인트라넷 익명 게시판이나 익명이 보장된 외부 블라인드 서비스에 의견 표출이 몰리는 추세입니다.

결국 리더를 통한 직접적인 의사소통 감소로 구성원들의 기업에 대한 소속감과 공동체 의식이 약화하면서 상대적으로 사소한 이슈에도 기업의 진정성이 의심되고 부정 루머가 가중되며 기업 평판은 기업 내부에서부터 악화하는 경향이 증가하고 있습니다.

"우리는 지금까지 누구와 주로 이야기해 왔는지 생각해 볼 필요가 있습니다. 저는 기업 평판 관리의 시작은 외부 고객이 아니라 내부 구성원이어야 한다 생각합니다." 최근 한 기업 CEO가 미팅에서 했던 말입니다.

기업 평판 관리 방향성에 대한 이 CEO의 생각에 새삼 놀랐던 기억이 있습니다. 부정 위기를 완화하고 긍정 평판을 유지하려면 무엇을 할 것인가 이전에 '누구에게?'라는 이해관계자(stakeholder)가 핵심이기 때문입니다. 그리고 이해관계자의 출발점은 내부 구성원입니다.

앞으로 기업 내부 구성원은 평판을 그냥 받아들이는 수신자(recipient)에서 평판을 관리하는 참여자(participant)를 넘어 기업 평판을 진정성 있게 자발적으로 확산시키는 전파자(evangelist)가 되어야 합니다. 그 어떤 부정 평판도 내부 구성원의 이해 없이 외부 이해관계자의 설득은 묘연하고 그 어떤 긍정 평판도 내부 구성원의 공감과 만족이 없다면 빛 좋은 개살구일 뿐입니다.

SPECIALIST

이 책을 만든
평판 위기 대응 전문가

강윤희

PROFILE.
現 법무법인(유) 원 구성원 변호사
前 검사
사법시험 제48회
연세대학교 법학과

CONTACT.
✉ yhkang@onelawpartners.com
☎ 02-3019-5462

INTRODUCTION.
엔터테인먼트와 형사소송을 전문으로 하고 있다. 명예훼손 사건은 단어와 단어로 이루어진 숲 사이를 걸으며 사건의 배경과 맥락, 의뢰인의 마음을 이해하는 과정이기에 가장 전문적인 판단과 법률적인 조언이 필요한 분야라고 생각한다.
수많은 유명인들의 사건을 성공적으로 수행했다. 신입 시절에 배운 '신속한 동시에 정확해야 한다'는 이데아를 아직도 업무 목표로 삼고 있다.

김민후

PROFILE.
現 법무법인(유) 원 소속 변호사
변호사시험 제5회
연세대학교 법학전문대학원
연세대학교 법학과

CONTACT.
✉ mhkim@onelawpartners.com
☎ 02-3019-5464

INTRODUCTION.
형사소송과 위기관리 컨설팅 업무를 담당하고 있다. <대한민국 법무대상> 송무 부문 대상 수상, 서울대학교 법학전문대학원 전문과정 우수 연구자 선정 등 다양한 분야에서 실력을 인정받고 있는 7년차 변호사이다. 위기관리 업무에서 가장 중요한 신속한 언론 대응, SNS와 인터넷의 여론동향 파악에 특히 장점이 있다. 다양한 SNS와 미디어의 사용, 능숙한 영어실력을 바탕으로 최신 외국 판례들을 활용하여 성공적으로 사건을 수행한 경험을 가지고 있다.

송동현

PROFILE.
現 밍글스푼㈜ 대표 컨설턴트
前 SK 글로벌 마케팅 매니저
前 두산 주류BG 마케팅 커뮤니케이션 매니저

CONTACT.
✉ dhsong@minglespoon.com
☎ 02-554-0795

INTRODUCTION.
2013년 이슈관리 전문 컨설팅사인 밍글스푼을 창립해 한화, 롯데, SK, GS, 유한킴벌리, 매일유업, 한샘, 와이지엔터테인먼트, F&F, 카버코리아, 한국교직원공제회, 적십자, 보건복지부, 서울특별시 등 다수의 국내외 기업과 기관 대상 기업 이슈, VIP 이슈, MPR 이슈 관련 자문, 컨설팅, 트레이닝 서비스를 제공하고 있다. 2018년 국가공무원인재개발원 최고 강사로 명예의 전당에 헌정되었으며 한국PR협회 선정 한국PR대상 2021년 올해의 PR기업상을 수상했다.

이유정

PROFILE.
現 법무법인(유) 원 구성원 변호사
前 검사, 이화여자대학교 법학전문대학원
겸임교수, 사법시험 제33회
이화여자대학교 대학원 법학과 박사
이화여자대학교 법학과

CONTACT.
✉ yjlee@onelawpartners.com
☎ 02-3019-5457

INTRODUCTION.
법무법인 원 ESG센터의 실무를 총괄하고 있으며, 컴플라이언스, 기업내 인권침해 관련 법률자문 업무를 담당하고 있다. ESG경영이 확산되는 요즘 평판 관리는 기업의 생존과 직결되는 문제임을 실감한다. 법무법인 원은 언론의 주목을 받는 대형 사건들을 처리하면서 정무적인 감각을 쌓았고, 위기관리컨설팅 분야에서는 최고의 실력을 갖춘 로펌이라는 자부심을 가지고 있다.

이지현

PROFILE.
現 법무법인(유) 원 소속 변호사
변호사시험 제4회
고려대학교 법학전문대학원
고려대학교 법학과

CONTACT.
✉ jhlee2@onelawpartners.com
☎ 02-3019-3900

INTRODUCTION.
여러 기업과 공공기관의 인사노무 자문, 소송을 담당하면서, 인사노무 전문가로 법무법인 안팎에서 신뢰를 쌓아가는 8년차 변호사. 명예훼손을 원인으로 하는 손해배상 청구나 언론을 상대로 한 정정보도, 가처분 사건 등을 다수 처리하였고, 이 과정에서 인터넷을 통해 유포되는 악의적인 게시글의 삭제 절차와 방법에 대한 노하우를 터득했다.

조광희

PROFILE.
現 법무법인(유) 원 구성원 변호사
前 중앙대학교 법과대학 겸임교수
사법시험 제32회
서울대학교 대학원 법학과 석사 과정 수료
서울대학교 법학과

CONTACT.
✉ khcho@onelawpartners.com
☎ 02-3019-5462

INTRODUCTION.
영상물, 저작권, 명예훼손법을 비롯한 미디어와 관련된 법률 전문변호사. 오랜 기간 미디어 법률 관련 자문 및 소송을 진행하는 과정에서, 법률적 승패에 못지않게 평판을 관리하고 위기에 실질적으로 대응하는 것의 중요성을 깨달았다. 법률적 접근과 접목된 평판관리의 방법론과 실무적 해결방법을 다각도로 연구하면서, 다수의 유명 인사들을 대리하여 관련된 분쟁에 대처하거나, 자문하고 있다.

부록

명예훼손범죄 양형기준

I. 형종 및 형량의 기준

01　허위사실 적시 명예훼손

유형	구분	감경	기본	가중
1	일반 명예훼손	- 6월	4월 - 1년	6월 - 1년6월
2	출판물등·정보통신망 이용 명예훼손	- 8월	6월 - 1년4월	8월 - 2년6월

	구분	감경요소	가중요소
특별 양형 인자	행위	• 범행가담에 특히 참작할 사유가 있는 경우 • 참작할 만한 범행동기 • 허위사실 적시의 정도가 경미한 경우 • 미필적 고의 • 전파가능성이 낮은 경우(2유형) • 사자에 대한 명예훼손의 경우	• 비난할 만한 범행동기 • 피해자에게 심각한 피해를 야기한 경우 • 범행수법이 매우 불량한 경우 • 군형법상 상관에 대한 명예훼손의 경우 • 피지휘자에 대한 교사
	행위자/기타	• 청각 및 언어장애인 • 심신미약(본인책임 없음) • 자수 • 처벌불원 또는 실질적 피해 회복 (공탁 포함)	• 동종 누범 • 아동학대처벌법 제7조에 규정된 아동학대 신고의무자의 아동학대 범죄에 해당하는 경우 • 상습범인 경우(아동학대처벌법 제6조의 가중처벌 규정이 적용되는 경우에 한함)
일반 양형 인자	행위	• 소극 가담 • 전파가능성이 낮은 경우(1유형)	
	행위자/기타	• 심신미약(본인 책임 있음) • 진지한 반성 • 형사처벌 전력 없음 • 상당한 피해 회복(공탁 포함)	• 이종 누범, 누범에 해당하지 않는 동종 실형 전과(집행 종료 후 10년미만) • 합의 시도 중 피해 야기(강요죄 등 다른 범죄가 성립하는 경우는 제외)

[대법원 양형위원회(2019. 3. 25. 의결, 2019. 7. 1. 시행, 2022. 3. 28. 수정, 2022. 6. 1. 시행)]

02 모욕

유형	구분	감경	기본	가중
1	일반 모욕	- 4월	2월 - 8월	4월 - 1년
2	상관 모욕	- 6월	4월 - 10월	6월 - 1년2월

구분		감경요소	가중요소
특별 양형 인자	행위	• 참작할 만한 범행동기 • 모욕의 정도가 경미한 경우 • 공연성이 없는 경우(군형법 제64조 제1항의 경우)	• 비난할 만한 범행동기 • 피해자에게 심각한 피해를 야기한 경우 • 범행수법이 매우 불량한 경우 • 피지휘자에 대한 교사
	행위자/기타	• 청각 및 언어장애인 • 심신미약(본인책임 없음) • 처벌불원 또는 실질적 피해 회복(공탁 포함)	• 동종 누범 • 아동학대처벌법 제7조에 규정된 아동학대 신고의무자의 아동학대 범죄에 해당하는 경우(1유형) • 상습범인 경우(아동학대처벌법 제6조의 가중처벌 규정이 적용되는 경우에 한함)(1유형)
일반 양형 인자	행위	피해자가 준상관인 경우(2유형)	
	행위자/기타	• 심신미약(본인 책임 있음) • 진지한 반성 • 형사처벌 전력 없음 • 상당한 피해 회복(공탁 포함)	• 이종 누범, 누범에 해당하지 않는 동종 실형 전과(집행 종료 후 10년미만) • 합의 시도 중 피해 야기(강요죄 등 다른 범죄가 성립하는 경우는 제외)

부록

[유형의 정의]

01 | 허위사실 적시 명예훼손

가. 제1유형(일반 명예훼손)
- 아래 구성요건 및 적용법조에 해당하는 행위를 의미한다.

구성요건	적용법조
공연히 허위사실을 적시하여 사람의 명예를 훼손	형법 제307조 제2항
공연히 허위사실을 적시하여 사자의 명예를 훼손	형법 제308조
공연히 거짓 사실을 적시하여 상관의 명예를 훼손	군형법 제64조 제4항

나. 제2유형(출판물등·정보통신망 이용 명예훼손)
- 아래 구성요건 및 적용법조에 해당하는 행위를 의미한다.

구성요건	적용법조
비방할 목적으로 신문, 잡지 또는 라디오 기타 출판물에 의하여 공연히 허위사실을 적시하여 사람의 명예를 훼손	형법 제309조 제2항
비방할 목적으로 정보통신망을 통하여 공공연하게 거짓 사실을 드러내어 다른 사람의 명예를 훼손	정보통신망법 제70조 제2항

02 | 모욕

가. 제1유형(일반 모욕)
- 아래 구성요건 및 적용법조에 해당하는 행위를 의미한다.

구성요건	적용법조
공연히 사람을 모욕	형법 제311조

나. 제2유형(상관 모욕)
- 아래 구성요건 및 적용법조에 해당하는 행위를 의미한다(이하 같음).

구성요건	적용법조
상관을 면전에서 모욕	군형법 제64조 제1항
문서, 도화 또는 우상을 공시하거나 연설 그 밖의 공연한 방법으로 상관을 모욕	정보통신망법 제70조 군형법 제64조 제2항

※ 아동학대범죄의 상습범, 신고의무자의 아동학대범죄(제1, 2 유형의 각 해당범죄에 대하여 공통)

구성요건	적용법조
상습적으로 아동학대처벌법 제2조 제4호 사목, 파목(사목의 죄로서 다른 법률에 따라 가중처벌되는 경우에 한함)의 아동학대범죄를 범한 경우	아동학대처벌법 제6조
아동학대처벌법 제10조 제2항 각 호에 따른 아동학대 신고의무자가 보호하는 아동에 대하여 같은 법 제2조 제4호 사목, 파목(사목의 죄로서 다른 법률에 따라 가중처벌되는 경우에 한함)의 아동학대범죄를 범한 경우	아동학대처벌법 제7조

부록

II. 집행유예 기준

01 | 허위사실 적시 명예훼손

구분	부정적	긍정적

주요
참작
사유
	• 비난할 만한 범행동기
	• 피해자에게 심각한 피해를 야기한 경우
	• 범행수법이 매우 불량한 경우
	• 순정상관에 대한 명예훼손의 경우(군형법)
	• 동종 전과(5년 이내의, 금고형의 집행
	  유예 이상 또는 3회 이상 벌금)
	• 아동학대처벌법 제7조에 규정된 아동학대
	  신고의무자의 아동학대범죄에 해당하는 경우
		• 범행가담에 특히 참작할 사유가 있는경우
		• 참작할 만한 범행동기
		• 허위사실 적시의 정도가 경미한 경우
		• 미필적 고의로 범죄를 저지른 경우
		• 전파가능성이 낮은 경우
		• 처벌불원 또는 실질적 피해 회복(공탁 포함)
		• 형사처벌 전력 없음
		• 자수

일반 참작 사유	• 공범으로서 주도적 역할 • 계획적 범행 • 2회 이상 금고형의 집행유예 이상 전과 • 사회적 유대관계 결여 • 진지한 반성 없음 • 피해 회복 노력 없음 • 범행 후 증거은폐 또는 은폐 시도 • 합의 시도 중 피해 야기(강요죄 등 다른 범죄가 성립하는 경우는 제외)	• 공범으로서 소극 가담 • 우발적 범행 • 금고형의 집행유예 이상의 전과가 없음 • 사회적 유대관계 분명 • 진지한 반성 • 피고인의 건강상태가 매우 좋지 않음 • 피고인의 구금이 부양가족에게 과도한 곤경을 수반 • 상당한 피해 회복(공탁 포함)

02   모욕

구분	부정적	긍정적
주요 참작 사유	• 비난할 만한 범행동기 • 피해자에게 심각한 피해를 야기한 경우 • 범행수법이 매우 불량한 경우 • 동종 전과(5년 이내의, 금고형의 집행유예 이상 또는 3회 이상 벌금) • 아동학대처벌법 제7조에 규정된 아동학대 신고의무자의 아동학대범죄에 해당하는 경우	• 참작할 만한 범행동기 • 모욕의 정도가 경미한 경우 • 공연성이 없는 경우(군형법 제64조 제1항의 경우) • 처벌불원 또는 실질적 피해 회복(공탁포함) • 형사처벌 전력 없음
일반 참작 사유	• 계획적 범행 • 2회 이상 금고형의 집행유예 이상 전과 • 사회적 유대관계 결여 • 진지한 반성 없음 • 피해 회복 노력 없음 • 범행 후 증거은폐 또는 은폐 시도 • 합의 시도 중 피해 야기(강요죄 등 다른 범죄가 성립하는 경우는 제외)	• 우발적 범행 • 금고형의 집행유예 이상의 전과가 없음 • 사회적 유대관계 분명 • 진지한 반성 • 피고인의 건강상태가 매우 좋지 않음 • 피고인의 구금이 부양가족에게 과도한 곤경을 수반 • 상당한 피해 회복(공탁 포함)

한경MOOK

누구도 피할 수 없는
評判(평판) 위기 넘는 법

펴낸 날	초판 1쇄 발행 2022년 11월 15일
발행인	김정호
편집인	유근석
펴낸 곳	한국경제신문
제작 총괄	이선정
편집	이진이·강은영·윤제나
글	강윤희·김민후·송동현·이유정·이지현·조광희
디자인	서희지
판매·유통	정갑철·선상헌·조종현
인쇄	제이엠프린팅
등록	제2006-000008호
주소	서울시 중구 청파로 463 한국경제신문
구입 문의	02-360-4859
홈페이지	www.hankyung.com

값 20,000원
ISBN | 979-11-92522-29-6(93320)

● 잘못 만들어진 책은 구입하신 곳에서 교환해드립니다.
● 이 책은 저작권법에 따라 보호받는 저작물이므로 무단 전재와 복제를 금합니다.

한경무크 베스트셀러 시리즈

2023 인더스트리

엔데믹 시대
산업 트렌드 전격 분석

ESG 2.0

달라진 비즈니스 모델
최신 ESG 이슈 집중 분석!

가상자산 A to Z

지금은 가상자산 시대
투자 전 꼭 알아야 할 법률 상식

직장 내 괴롭힘

회사도 근로자도 알아둬야 할
직장 내 괴롭힘 대응법 A to Z

돈 되는 해외 ETF

한눈에 비교하는
최고 전문가 추천 해외 ETF

궁금한 중대재해처벌법

알기 쉽게 정리한
중대재해처벌법 A to Z

궁금한 AI와 법

Q&A로 설명한 AI 시대
법률 안내서

부동산 절세법

연령대별로 정리한
부동산 세테크 노하우

실버타운 올가이드
인기 유튜버 공빠·공마가
직접 탐방한 실버타운 가이드

인생 리뉴얼 ABC
4060 직장인을 위한
은퇴 준비 바이블

우리가 사랑한 커피
일상의 기록,
도시의 커피를 찾아서

CES 2022
한경 X KAIST 특별취재단이
소개하는 IT·가전 메가트렌드

메타버스 2022
단숨에 읽는
메타버스 트렌드북

틈틈이 가족여행
박물관부터 인생샷 성지까지
국내 가족여행지 총정리

트래블 이노베이션
디지털 관광
비즈니스를 위한 필독서!

에이미 조 이지 골프
초보부터 스윙이 무너진 골퍼까지!
에이미 조의 특별 레슨

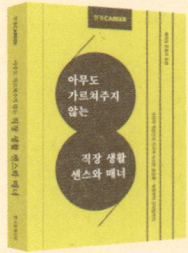

직장 생활 센스와 매너
복장부터 인사법까지
선배가 알려주는 센스와 매너